和谐校园文化建设

中外科学家的故事

宋德印/编写

吉林出版集团股份有限公司
吉林教育出版社

图书在版编目(CIP)数据

中外科学家的故事／宋德印编写. —长春：吉林
教育出版社，2012.6(2022.10重印)
(和谐校园文化建设读本)
ISBN 978-7-5383-8952-4

Ⅰ.①中… Ⅱ.①宋… Ⅲ.①科学家—生平事迹—世
界—青年读物②科学家—生平事迹—世界—少年读物
Ⅳ.①K816.1-49

中国版本图书馆 CIP 数据核字(2012)第116048号

中外科学家的故事
ZHONGWAI KEXUEJIA DE GUSHI

宋德印　编写

策划编辑　刘　军　　潘宏竹
责任编辑　付晓霞　　　　　　　　　　　　**装帧设计**　王洪义

出版	吉林出版集团股份有限公司(长春市福祉大路5788号　邮编 130118)
	吉林教育出版社(长春市同志街1991号　邮编　130021)
发行	吉林教育出版社
印刷	北京一鑫印务有限责任公司
开本	710毫米×1000毫米　1/16　　印张　11　　字数　140千字
版次	2012年6月第1版　　　印次　2022年10月第2次印刷
书号	ISBN 978-7-5383-8952-4
定价	39.80元

编　委　会

主　　编：王世斌

执行主编：王保华

编委会成员：尹英俊　尹曾花　付晓霞

　　　　　　刘　军　刘桂琴　刘　静

　　　　　　张　瑜　庞　博　姜　磊

　　　　　　潘宏竹

　　　　　　（按姓氏笔画排序）

总 序

千秋基业，教育为本；源浚流畅，本固枝荣。

什么是校园文化？所谓"文化"是人类所创造的精神财富的总和，如文学、艺术、教育、科学等。而"校园文化"是人类所创造的一切精神财富在校园中的集中体现。"和谐校园文化建设"，贵在和谐，重在建设。

建设和谐的校园文化，就是要改变僵化死板的教学模式，要引导学生走出教室，走进自然，了解社会，感悟人生，逐步读懂人生、自然、社会这三本大书。

深化教育改革，加快教育发展，构建和谐校园文化，"路漫漫其修远兮"，奋斗正未有穷期。和谐校园文化建设的研究课题重大，意义重要，内涵丰富，是教育工作的一个永恒主题。和谐校园文化建设的实施方向正确，重点突出，是教育思想的根本转变和教育运行机制的全面更新。

我们出版的这套《和谐校园文化建设读本》，既有理论上的阐释，又有实践中的总结；既有学科领域的有益探索，又有教学管理方面的经验提炼；既有声情并茂的童年感悟；又有惟妙惟肖的机智幽默；既有古代哲人的至理名言，又有现代大师的谆谆教诲；既有自然科学各个领域的有趣知识；又有社会科学各个方面的启迪与感悟。笔触所及，涵盖了家庭教育、学校教育和社会教育的各个侧面以及教育教学工作的各个环节，全书立意深邃，观念新异，内容翔实，切合实际。

我们深信：广大中小学师生经过不平凡的奋斗历程，必将沐浴着时代的春风，吸吮着改革的甘露，认真地总结过去，正确地审视现在，科学地规划未来，以崭新的姿态向和谐校园文化建设的更高目标迈进。

让和谐校园文化之花灿然怒放！

本书编委会

目 录

中国卷

外国卷

中国卷

木匠的祖师爷

今天，假如你抬头望见天空中轰鸣而过的是一架飞机，你一定会司空见惯，不以为奇；但是，假如你看见在空中自由翱翔的是一只木鸟，你就一定会惊诧不已！其实，这样的事情早在2300多年前中国古书上就有记载：一只用竹木制成的大鸟能借助风力飞上高空，而且飞行滑翔，竟至三日不落下来。你想知道这只神奇木鸟的制作者是谁吗？他就是传说中我国古代工匠的鼻祖——鲁班。按照当时的生产和技术水平来看，制造出这样神奇的木鸟似乎不大可能，但从这个传说至少可以说明鲁班确实是个技艺高超的工匠，他的机械制作水平已经达到了炉火纯青的地步。

相传，鲁班是我国春秋战国时期一位杰出的工匠与发明家。2000多年来，他一直被中国的土木工匠们尊奉为"祖师"。直到现在，"班门弄斧"这句成语还在喻讽那些在高明的人面前卖弄本领而不自量力的人和事，可见人们对这位技艺超群的"祖师"至今仍深怀敬仰之意。

鲁班出身于世代工匠的家庭，从小就跟家里人参加过许多盖屋建房的劳动。他不怕苦累又聪颖好学，很快就掌握了各种生产劳动的技能，并积累了丰富的实践经验。在这一方面，他的母亲和妻子给予他很大的帮助和启发。

鲁班做木工活的时候，母亲和妻子经常在一旁打下手、干零活。

就说用墨斗放线吧，总是由鲁班拿着墨斗的一头，而由母亲帮助他抻住墨线的另一头。有一次，鲁班又用墨斗放线，恰巧母亲不在家，妻子手头有活又脱不了身，由谁来抻线呢？鲁班一筹莫展。妻子见状就说："能不能想个法子不用人去拉线，再说，母亲年纪大了，还得拉到什么时候呀？"一席话使得鲁班茅塞顿开，心想："我怎么就没想到呢？"于是就静下心来细细琢磨。开始，他把线头固定起来，可是拆卸很不方便。能不能既可以固定又使用灵活呢？他想到可以用一个小钩。后来母亲又与鲁班一起反复实验，把钩子弯成合适的形状，墨线拴在小钩上，放线的时候，用小钩钩住木料的一端，就可以代替用手拉线，一个人操作就行了。从此，放墨线再也用不着母亲帮忙了。后世木匠就把这个小钩子取名为"班母"，以纪念这个创造。鲁班还有另外一样小发明叫"班妻"，就是木工架上用来顶住木料的那种卡口。因为在这之前，鲁班刨木料时总是让妻子扶着木料，换成卡口后，不用人扶着，木料也不会滑动了。直到现在，"班母""班妻"仍为木匠们所使用。

鲁班一生的发明创造很多，木工用的很多工具、器械都是他发明的。像木工使用的曲尺，就叫作鲁班尺。其他像墨斗、刨子、钻子以及凿子、铲子等，相传也都是鲁班首先制作的。这些木工工具的发明使当时工匠们从原始、繁重的体力劳动中解脱出来，劳动效率成倍增加，土木工艺出现了崭新的面貌。

在鲁班诸多的创造中，最重要的恐怕要数锯的发明了。谁都知道干木工活离不开锯，可是2000多年前当锯还没发明的时候，谁知道锯是什么样呢？相传有一次鲁班领着一伙人盖一所大房子，需要很多木料，鲁班就让徒弟们上山砍伐木材。由于要用斧子砍树，徒弟们一连砍了几天，各个累得精疲力尽，木料仍供不应求，眼看就要停工待料，延误工期，鲁班心里十分焦急，就亲自上山察看。为了走近路，他手抓野草，攀岩而上。不料脚下一滑，跌落下来。虽然没有摔坏，但手上却鲜血直流。鲁班感到很奇怪，伸开手掌，只见手心被划了一道深深的口子，鲜血就是从中渗出来的。这是怎么回事？他想到刚才手抓的野草。他不顾疼痛，又爬到刚才踩空的地方，只见一株丝茅草的叶子上沾着血迹。一根小草为什么这样锋利？他把草叶放在手心细细观察，发现草叶两边都长有许多小细齿，锋利得很，就是它划破了手心。丝茅草叶启发了鲁班，既然带齿的草叶能划破手心，如果做成带齿的工具不就可用来拉(lá)木头吗？当时，冶铁技术已经出现，只是铁制工具在生产中应用还很不广泛。鲁班就请铁匠师傅打制了一根边上带有许多小齿的铁条，他拿着这根铁条去拉树，果然又快又省力。后来又经过多次反复实验，终于发明了实用的木工锯。这个故事尽管只是一种传说，但我们从中仍然能够得到这样的启示：实践出真知，钻研出智慧。

鲁班不仅是木匠的祖师，一位很高明的机械发明家，而且在石雕方面也是行家里手。有一次，鲁班雕刻凤凰，还没有雕成，就受到一些人的讥笑。这个说脑袋雕得不像，那个说身子刻得不行，真是奇丑无比。鲁班不与他们去争辩，决心以实际行动来回击那些流言蜚语。讥笑使他更加努力，挑剔令他更加细致，最后他终于雕成了凤凰。不仅脑袋像，身子也像，而且神态逼真，栩栩如生，仿佛人一走近，它就会飞走似的。这下那些曾经讥笑挖苦过鲁班的人无不面带愧色，不得不佩服鲁班的高超技艺和顽强努力的拼搏精神。

一代神医

相传，在黄帝时期有一个非常著名的医生，名叫扁鹊。他医术精湛，济世救人，为古代人民所传颂。可惜，这位医术高明的医生的事迹并没有流传下来。尽管这样，人们也一直没有忘记他，仍然把他看作高明医生的化身。

在我国春秋战国时期，也有一位名叫扁鹊的名医，不过他的真名叫秦越人。这位民间良医经常到各地行医，足迹遍及现在的河北、河南、山东、山西等地。他走到哪里，就热心为哪里的人们治病。他医术高明，医德高尚，深受群众的欢迎和爱戴。人们赞扬他就像古代的名医扁鹊一样，能"起死回生"，称他为"再世的扁鹊"。渐渐地秦越人这个本名反倒被人淡忘了，而扁鹊这个尊称一直相传至今。

扁鹊并不出身于医学世家。他年轻时曾在一家客栈当管理人。当时有个名叫长桑君的民间游医经常到这家客栈住宿，后来就成了扁鹊的朋友。长桑君是一位医术高明的医生，不仅医学理论深厚，而且行医经验丰富。扁鹊对他非常尊敬，拜他为师，虚心向他学习医术。长桑君见扁鹊诚恳好学，品行端正，就毫无保留地向他传授本领。由于扁鹊刻苦钻研，反复实践，身边又有一位老师悉心指导，很快就掌握了针灸、按摩、熨帖、砭石、手术和汤药等多种医治疾病的方法，成为当时驰名各国的一代良医。

扁鹊对疾病的诊断技术是很高明的。他在前人经验的基础上，结合自己的行医实践，摸索总结出一套行之有效、比较完整的科学诊断方法。他每次给病人看病，总是非常注意观察病人的神志气色，闻听病人发出的各种声音，详细询问病人的感受，再加以细心号脉，并进行综合考虑，最后得出一个准确的诊断。这就是中医著名的"望、闻、问、切"四大诊法，直到今天这种方法仍是中医入门的基本功。在这四种诊法中，扁鹊尤其擅长望诊和切诊。

有一次，扁鹊到齐国行医，见到齐国的国君齐桓侯。他观察到桓侯气色不大好，就说："大王，看您的样子，像是已经有了病，不过病还在皮肤表面，不算重。若不及时治疗恐怕要加重的。"桓侯不以为然，对身边的大臣说："我没有病硬说我有病，真是太自以为是啦！"过了几天，扁鹊又见到桓侯，说："您的病已经浸入血脉里，再不治疗，就要加重的。"桓侯听了仍不相信，认为扁鹊在故意卖弄自己。又过了几天，扁鹊再见到桓侯，说："大王的病已经进入胃肠间，如果再不治疗，就没有办法了。"桓侯听了很不高兴，认为扁鹊在找他的麻烦，就不去理他了。等到第四次见到齐桓侯时，扁鹊一言不发，转身就走。齐桓侯感到很奇怪，就派人追上他，问这是为什么？扁鹊回答说："桓侯的病开始在皮肤里，用熨贴法可以治好；后来病到血脉，用针灸还可以治愈；再后来病虽入肠胃，服药酒也是可以治疗的；现在桓侯的病已经进入骨髓了，就是神仙也没有办法，所以我只好躲开。"没过几天，齐桓侯的病果然发作起来，急忙派人去请扁鹊，扁鹊已不知去向。齐桓侯讳疾忌医，一再贻误病情，终因无法医治而死去。

2000多年前，在没有任何现代医疗设备和科学检验的情况下，扁鹊就能根据病人的气色准确地预测疾病的发展和后果，可见他的望诊技术是多么高明！

扁鹊不仅善于望诊，而且还精通切脉。有一次，他带着弟子到虢（guó）国行医，恰遇虢国为太子筹办丧事。扁鹊向中庶子（太子侍从官）打听太子患病和死亡情况，中庶子回答说："太子是得了暴病而死的，已经有半天了，现在还未入殓。"接着，扁鹊又详细询问了太子发病经过和死后症状，认为太子还没有真死，就要求进宫诊治。入宫后，扁鹊仔细地给太子切脉，果然发现他仍有极微弱的脉搏和缓慢的呼吸，身上还有点热气，断定太子患的是"尸厥症"（类似现在的休克），马上命弟子在太子头部"百会穴"扎了一针，不一会儿，太子就苏醒过来。接着又让弟子配药给太子服下，并在太子两腋下面做热敷，又过了一会儿，太子竟坐了起来。经过20多天的精心调养，太子完全恢复了健康。

扁鹊抢救太子"起死回生"的消息很快就传开了，人们纷纷传说扁鹊能把死人救活。扁鹊却解释说："并不是我真能把死去的太子救活，而是他根本就没死，我只不过是把生命垂危的太子治好了而已。"扁鹊这种实事求是的科学态度和谦虚朴实的高尚医德，一直受到人们的钦佩。

扁鹊经常带着弟子背着药袋四处行医，给广大贫苦民众治病。到越国时听说妇女多患妇科病，就停下为她们治病；在洛阳时，看到年纪大的人多患耳病眼疾，又当上"耳目医"；到了秦国咸阳，看到儿童多病，就当起"小儿医"。精湛的医术，高尚的医德，为许多民众解除了患病的痛苦。但是，就是这样一位卓越的医学家却遭到秦王的御医李醯（xī）的忌恨，他为了维护自己的地位，极力阻挠扁鹊为秦王治病，后来又偷偷指派武士把扁鹊刺杀了。

扁鹊虽然被杀害了，但他对祖国医学的贡献是不可磨灭的。2000多年来，扁鹊一直受到人们的敬仰和怀念。他那富有传奇色彩的行医经历被世代相传，至今还有许多地方保存着纪念他的碑碣和庙宇。现在人们若是称赞哪位医生医术高明，都会不约而同地说"他是扁鹊再世"。

活字印刷术的发明者

每当新学期开始，同学们拿到一册册散发着油墨清香的课本时，都会毫不迟疑地说出这些书是在印刷厂里印出来的。不错，在印刷技术飞速发展的今天，印刷成千上万的图书、报纸几乎是易如反掌的事。可是这在刀耕火种、手工操作的古代简直就是不可想象的神话。古代图书、典籍的保存和流传只能依靠手抄、刀刻、拓印等等落后的生产方式或方法。这在现代也许认为是不可思议的事情，而在古代则确实是这样做的。多亏有了印刷术，才永久结束了这种原始而又繁重的劳动。

印刷术是中国古代四大发明之一。印刷术的发明给人类文化的传播开辟了极其广阔的道路，对推动世界文明的发展起过极大的作用。尤其是毕昇发明的活字印刷术，更是对世界印刷技术的卓越贡献，在人类印刷史上留下了光辉的一页。

毕昇是宋代庆历年间人，他的生平和活动，史书上没有详细记载。只是宋代的大科学家沈括在其所著的《梦溪笔谈》一书中提到："庆历中有布衣毕昇，又为活版。""活版"是指活字印刷，"布衣"就是普通老百姓。

毕昇生活的时代是我国封建经济文化高度发展的时期。当时由于社会生产力的发展，手工业有了很大进步，特别是矿冶、纺织、瓷器、造纸和雕版印刷等，更为显著。手工业的发展进一步促进了科学文化的发展。这样，作为文化传播手段的雕版印刷，已经远远满足不了当时社会的需求。在这种情况下，毕昇在总结前人经验的基础上，开始了他的创新工作，发明了活字印刷术。

在印刷术发明之前，古代人为了记录文字、交流思想、传播文化想了许多办法。最初，人们把文字刻在龟甲和兽骨上，后来又铸在青铜器上，这就是现在人们提到的"甲骨文"和"金文"。以后，人们又把文字刻在木片或竹片上，用绳索贯串成册。这样虽比在龟甲、兽骨上刻字和在青铜器上铸字进了一步，但使用仍不方便。另外，手刻、铜铸仅限于一部书、一篇文章。若同样的书刻好多部，同样的文章铸好多篇，其困难程度可想而知。

秦汉时期，由于笔和纸的发明，手抄便成为书籍传播的主要方法。逐字逐句地抄写，不仅费时费力，而且容易抄错。倘若同样的书需要100本，就得抄写100遍，有时碰上长篇巨著，几个月甚至几年也抄不完，这样显然不利于文化的传播，也无法满足人们日益增长的文化需求。时代的进步、文化的发展推动着人们去寻找一种较为快速准确的书籍复制办法，随之雕版印刷应运而生。

雕版印刷是在"拓石"和"印章"的基础上发展起来的。"拓石"在我国有着悠久的历史，就是把文字先刻在石碑上，再薄薄地涂上一层墨，趁它还没有干时，把纸铺在上面，轻轻抚摩，于是在纸上接触石碑的一面就印出了黑底白字，这就是摹印。因为可以多次摹印，比抄写要快多了。但是摹印出来的是反字，不便阅读，后来经过改进，又出现了拓印，这样印出的就是正字了。印章与石刻相仿，只不过上面刻的是反字，印在纸上就是正的了。人们从刻制印章中得到启发，想到，如果把书籍反刻在木板上，像盖图章那样印在纸上，不是比拓石要方便得多吗？这样，经过反复研究改进，我国劳动人民在唐朝发明了雕版印刷术。

雕版印刷首先要选用梨木或枣木雕成书版，版上刻有文字或刻绘图画，然后涂墨印在纸上。一部书的雕版，可印几百部或更多的书籍。但是，雕版印刷也存在着很多缺点。例如，雕刻一套书版，需要几年时间，既耗精力，又费木料；大量书版不易存放；发现错别字，不易更改等。

针对雕版印刷这些缺点，人们进行了不懈的努力，毕昇在这方面取得了突破性的进展。

毕昇认为，要大量印书，必须采用活字，只有这样才能弥补雕版印刷的缺陷。在印章的启发下，他仔细琢磨，反复实验，终于创造了活字印刷。

毕昇用带有黏性的胶泥做成一个个规格一致的毛坯，在一端刻上反体单字，用火烧硬，成为单个胶泥活字。常用字一次多刻几个，冷僻字可以现用现刻，然后将这些活字按韵目分类的方法放在格子里，以便于检字。印书时，先用一块带框的铁板作底托，上面敷上用松脂、蜂蜡和纸灰制成的熔剂，然后根据书稿把需要的胶泥活字捡出来放在上面，捡满一框就是一版。然后用火烤将药剂熔化，再用一平板把字面压平，待冷却后，即成为版型。印刷时，只要在版型上刷上墨，覆上纸，加一定压力就成了。印完后，再用火把药剂烤化，活字就从铁板上脱落下来，可以重复使用。

毕昇创造的活字印刷，制版迅速，印刷质量好，速度快，发现有错字可以随时更换。如果只印两三本，还看不出省事。如果要印成百上千本，工作效率就相当可观了。不仅可以节省大量的人力、物力，而且也能大大提高印刷的速度和质量，这是雕版印刷无法比拟的。虽然现代凸版铅印比毕昇的活字印刷要先进得多，但是它们的基本原理和方法却是完全相同的。

毕昇发明的活字印刷术，不只在中国产生巨大影响，而且流传国外，为人类文化传播做出了重大贡献。毕昇的伟大功绩不仅载入了史册，也"印"进了人们的心里，永远为人们所怀念！

最早发明麻药的医生

有一次，蜀国的大将关羽镇守襄阳，与敌人作战时，右臂中了毒箭，胳膊肿得很粗，动弹不得，眼看毒气攻心快不行了，手下人赶紧请来一位医生为他治疗。医生察看过伤势后，对关羽说，只有一个办法，用刀子把伤口的浓血腐肉全挖掉，还要把浸到骨头的毒素也刮干净，方可保全性命，但不知将军能否挺得住？关羽点点头说："你治吧！"说着，端起酒杯，又下起棋来。这位医生毫不犹豫拿起手术刀向伤口剜去，只见血流如注，可关羽连眉头都不皱一下。最后刮到骨头，只见骨头已经变黑。医生全神贯注，一刀一刀地刮，吱吱作响；关羽面不改色，还是像没事一样。做完手术，医生佩服地对关羽说："我第一次见到将军你这样的硬汉子！"关羽活动着胳膊，对医生说："我也是第一次见到你这样的神医呀！"

从此，关羽"刮骨疗毒"眉头都不皱一下的大丈夫气概传为美谈。那么，被关羽称作"神医"的那个人是谁呢？他就是东汉末年赫赫有名的外科医生华佗。

华佗的确是一位神医。他不仅精通内科、妇科、小儿科和针灸科，而且尤其擅长外科，为关羽"刮骨疗毒"便是一例。他是世界上最早发明麻醉剂和运用全身麻醉术的医生，他发明了一种叫"麻沸散"的药，病人用酒冲服下去就会全身麻醉，失去知觉，这样便可以动手术了。这种麻醉药后来又传到了日本、朝鲜和中亚等地，阿拉伯人使用的麻醉剂也是向中国人学习的。

华佗的医术相当高明，他的处方往往只有几味药，但疗效却很好。给人针灸、取穴也不过几处，常常针起病除。特别是他的外科手术，手法高超娴熟，总是以最快的速度切除病灶，敷上特别的药膏，只需四、五天伤口就会封口，一个月后便可恢复正常。后世尊奉他为外科的始祖。

华佗运用全身麻醉的方法进行外科手术，在当时确实是件了不起的事情。古时候，人们迷信身体是父母所给，不能"毁伤发肤"，对疾病抱着一种消极态度。但华佗从治疗疾病、解除病人病痛出发，破除迷信，敢于"开肠破肚"大胆进行手术治疗，表现了实事求是的科学态度和无畏的科学精神。

华佗行医最大的特点就是不拘泥古法，不墨守成规，而是根据患者的具体情况，区别对待，对症下药。有一次，两个人同时来找华佗看病。从症状上看，都是头痛发烧。可华佗经过"望、闻、问、切"之后，给一个开的是泻药，给另一个开的却是发汗的药，旁人看了觉得很奇怪。华佗解释说，这两个人病症好像差不多，但病因却大不一样。一个是因吃得太多，伤食而病；而另一个则是外感风寒，受凉感冒了。所以给他们开的药就不一样。果然，这二人把药服下，第二天就全好了。

华佗行医不是就病治病，而是由此及彼，寻找更深的病因。东阳地方有个叫陈叔山的人，请华佗给他儿子治病。原来他两岁的小儿子患痢疾，病情危急，许多大夫都束手无策。华佗仔细检查后，对陈叔山说，这是因为孩子的母亲身体不健康，奶水养分差造成的。华佗不仅给孩子配了药，而且也为他母亲开了药方，经过十天的精心调理，孩子、大人都病好如初了。

华佗长期在民间行医，十分注意收集民间验方，虚心学习别人的治疗经验，再结合自己的行医实践，加以总结提高。有一次，华佗在路上遇到一个病人，他咽喉阻塞，吃不下东西，呻吟不止，十分痛苦。华佗立即停下，为他检查。诊断后，对病人家属说，你们到路边小店买三两蒜泥、半碗醋，掺和着给他喝下去就可以治好。他们照着华佗说的办法给病人服下，不一会病人从口中吐出一条长虫来，病就好了。病人感激不尽，说是遇上神仙秘方了。华佗却说："这不是什么秘方，是我从老百姓那儿学来的办法，只不过我在药量上把握了分寸，所以效果就更好些。"这样的事情不计其数，华佗的名声也更大了，人们都说他是"再世的扁鹊"（扁鹊是中国古代名医）。

　　古时候，人们把生老病死看作是"天命"决定的，人只能听凭老天爷摆布，华佗却不信这个。他认为，人只要多运动，就可以增进健康，抵御疾病。他常常用"流水不腐，户枢不蠹"的道理来说明人应当经常进行适量的运动，这样可以增加消化能力，促进血液循环，以增强体质，预防疾病。根据这样的想法，华佗从虎、鹿、熊、猿、鸟的动作中受到启发，创造了一套模仿这些动物动作的医疗体操，叫"五禽戏"。据说，华佗在许昌经常指导许多体弱的人做"五禽戏"，效果很好。有一个人时常泻肚，坚持做操三个月，胃口好了，也不泻肚了。他的学生吴普依照这个办法坚持锻炼，活到90多岁时，仍然是"耳目聪明""牙齿完坚"。直到今天，公园里还可常常看到一些人模仿动物的动作，来活动筋骨，增进健康。华佗在1700多年以前，就把体育锻炼同医疗保健结合起来，实在是一件很了不起的事情，这种"重视保健防病未然"的思想在今天仍然有积极意义。

医中之圣

在我国丰富的医学遗产中，有一部非常有名的医书，那就是《伤寒杂病论》。它是由东汉时期一位著名的医学家张仲景写成的。在这部巨著中，作者不仅总结了东汉以前的医学经验，收集了大量的民间验方，同时，也总结了自己多年行医的实践经验。这部医书集理、法、方、药于一体，至今仍有很高的实用价值，是中医学的传世经典。张仲景也因此被后世尊奉为"医中之圣"。

张仲景生活在东汉后期。当时朝廷腐败，民不聊生。历史上有名的黄巾军起义，就发生在这个时期。长期无休止的战乱，再加上当时灾荒不断，疫病流行，给人民带来了深重的灾难。张仲景的家族中也先后死了100多口人，其中一大部分是患伤寒病而故去的。

朝廷中官员争权夺利，使张仲景感到愤慨憎恶。虽然他已当上了长沙太守，心里却为不能替百姓做事而内疚。他常常看到许多人因无力看病投药而死于瘟疫的凄惨景象，深切感到当官不如去行医，就毅然辞去官职，回到家乡，实践自己早已萌发的救死扶伤的志向。

张仲景早年读过不少医书，他从史书上看到扁鹊见齐桓公的故事，对神医扁鹊高超的医术十分钦佩。当时封建统治者不关心人民的死活，而一般读书人又热衷于功名，轻视医学。张仲景对此十分感慨，遂毕生矢志于医学事业，并拜同郡名医张伯祖为师。由于张仲景虚心好学，又肯于钻研，很快就掌握了老师传给他的全部医术，并且在断病、处方、用药等方面还有不少独到见解，很快就超过了他的老师。

张仲景并不以此为满足，他知道，治病救人是性命关天的大事，必须下苦功夫才行。他翻遍古代医书，从中认真汲取前人的宝贵经验。他也非常重视劳动人民医药方面的发明创造，广泛收集流传民间的有效验方，来不断充实完善自己的医术。在行医中，张仲景特别看不惯一些庸医敷衍搪塞、草率处方，单凭一张巧嘴骗人的不负责任的态度。相反，他在给别人看病时，总是仔细观望病人的气色，注意察听病人发出的声音，耐心询问病人自己的感觉，并通过细心切脉，来综合分析病情，然后作出确切诊断，对症下药。张仲景这种通过"望、闻、问、切"四诊得到的病人各方面情况进行综合考虑、分析、辨认、判断的方法，就是"辩证"医法。他还总结出一套"论治"的规律，就是治疗原则和治疗方法。张仲景就是靠自己创立的"辩证论治"的医道治好了无数危重病人。

相传，张仲景曾经结识一位当时很有才气的青年文学家王粲。凭着多年的行医经验，张仲景发现他气色不好，就对他说："依你现在的样子，肯定有病，现在治还来得及，不然到 40 岁时就不好治了，可不要耽误呀。"并开了五石汤药，劝其服用。王粲正值 20 多岁，风华正茂，怎么也不相信自己会有病，就没当回事，既未看病，也没吃药。过了十几年，张仲景再次见到王粲，问他，吃药了吗？王说，吃了。张仲景看他病情有所发展，就说："你根本不像吃过药，这样下去，眉毛就会脱落，再过半年就会有生命危险。"可惜的是，王粲仍不以为然，没有听信忠告。不久，王粲果然眉发全掉，不到半年就被病魔夺去生命，当时还不到 40 岁。王粲患的是麻风病，这是一种潜伏期很长的传染病，一般很不容易诊断，也不容易治愈。张仲景 20 多年前就发现了他的病症，又准确地预测了病情发展的后果，这不能不说明，张仲景的"辩证论治"已经达到了很高的水平。

张仲景不但勇于实践，还善于从实践中总结经验。经过多年的认真观察和分析，他把伤寒感冒的病症分成六类八型，从而使他"辩证论治"的方法更加具体化了。此后，医生治疗感冒伤寒，只要根据病人的症状，找出属于哪一种类型，再对症下药，就很容易把病治好。

张仲景对我国医学最大的贡献就是他在晚年写成的《伤寒杂病论》。这是他几十年行医实践的总结，也是他毕生心血的结晶。这部医书共有 16 卷，包括"伤寒"和"杂病"两部分。后来由于战乱，散佚不全。经后人收集整理，将这本巨著分成两本书，分别叫《伤寒论》和《金匮要略》。

张仲景这两部著作奠定了中医治疗学的基础，在我国医学发展史上影响最大的著作中占有特殊地位，现在仍然是中西医学习中医理论和临床治疗的重要典籍。1700 多年来，这两部著作不但为中国历代医学家所推崇，而且对世界医学，特别是亚洲的日本、朝鲜、越南的医学的发展有着重要影响。

敢与宠臣对峙的人

祖冲之（429 年—500 年）是我国古代一位杰出的科学家。他在数学、天文历法、机械制造等许多方面，都取得了光辉的成就。尤其是他在一生的科学活动中，勇于探索，敢于创新，更为后世所敬仰。

我国古代劳动人民很早就发现了日月运行的基本规律，并在长期的生产实践中积累了丰富的天文历法知识。"清明下种，谷雨插秧"这两句民间谚语，不仅说明历法与农业生产有着密切的联系，同时也表明我们的祖先对历法是十分重视的。因此，历史上各个朝代都设有专门人员来研究天文，制定历法。祖冲之年轻时就曾在"华林学省"（当时的学术研究机构）进行过这样的工作。

祖冲之生活的南朝宋代，此时历法已有很大的进步，但祖冲之却认为都不很准确。他经过周密的观测和细心计算，发现就连当时颁行不久的"元嘉历"（一种历法）也存在很多问题。于是决心加以改革并制定出新的历法。经过长期的天象观测和反复的科学计算，终于创制出当时最精确的历法——《大明历》。

在《大明历》中，祖冲之一方面总结继承了前人的研究成果，另一方面又做了两项重大改革。其中最重要的是把岁差的影响在新历中得到体现。什么是岁差呢？我们知道，地球是环绕太阳运行的，但是地球运行一周后，不可能完全回到上一年的冬至点，也就是说每年要相差 50.2 秒（据现代天文学家计算），这种现象就叫作岁差。别看岁差很小，但影响却很大。"元嘉历"就因没有考虑岁差的影响，结果它所确定的太阳和月亮的位置与实际偏差很大，推算金、木、水、火、土五大行星的出现和隐没，有的竟与实际相差了 40 天。祖冲之根据自己的长期观察，不仅证实了岁差的存在，并且将这种影响运用在《大明历》中，这是以前历朝历代所不曾有的，因此，这是我国历法史上的一次重大改革。

祖冲之在《大明历》中做出的另一项引人注目的事情就是修改闰法。古时候用的是阴历，每个月 29 天多一点，这是连着两次月圆的间隔时间，一年有 12 个月。后来又产生了阳历，阳历是把地球绕太阳一周的时间规定为一年。这样，阳历的一年要比阴历的一年多 11 天多。怎样才能把这两种历法的天数一致起来呢？于是人们就创造出"闰月"的办法。祖冲之经过仔细地推算和研究，发现这种办法虽然可以使阴阳两种历法的天数大致符合，但还不够精确，每过 200 年就会相差一天。他总结前人的经验，反复计算，提出改为每 391 年中设 144 个闰月，这就比其他各种历法都精确得多。从此，改革闰法也成为以后每次修改历法所必须考虑的问题。

经过革新创制的《大明历》具有很高的科学价值。根据它推算的每一回归年的天数只与现代科学测定的结果相差 50 秒，而计算出的木星公转周期和五大行星会合周期，有的与现代观测结果完全一致，有的也是当时最好的结果。但是就是这样一部当时最精确、最先进的历法却遭到了封建顽固势力的反对与阻挠。

公元 462 年，祖冲之上书朝廷，请求宋孝武帝颁布新历。宋孝武帝便召集群臣商议。这时，一个叫戴法兴的皇帝的宠臣站出来反对。开始他装模作样地说："太阳转动一周（实际上是地球绕太阳一周）有时快有时慢，会有什么规律呢？"祖冲之反驳说："太阳的转动是有规律的，四季的变化就是明证。"戴又说："日月星辰的快慢变化，凡人是测算不出来的。"祖冲之拿着他测算的结果对戴说："这就是我测算的结果，只要坚持观察，仔细测算，我们是可以掌握其中的规律的。"戴法兴等人顿时目瞪口呆，哑口无言，最后竟恼羞成怒，蛮横地说："历法是古代传下来的，即使有错也不能改。"祖冲之毫不示弱，针锋相对："历法有错就要改，不要拿古人吓唬人！"戴法兴等人看祖冲之说得有理有据、刚直不阿，就到处散布修改历法是离经叛道的行为，为天意所不容，妄图把祖冲之吓倒。祖冲之面对这些顽固势力，用精确的数据、雄辩的事实把那些抱残守缺、食古不化的荒谬论调驳得体无完肤，他寸步不让，始终坚持真理。

由于戴法兴是皇帝宠臣，权势很大，朝中很多人都怕得罪他，因此在审议《大明历》时，很少有人敢帮祖冲之说话。但祖冲之始终主张颁行新历。通过论辩，孝武帝也认识到了新历的优越性，但由于顽固派的阻挠，直到大明八年（公元 462 年），朝廷才决定第二年改用新历。后来因孝武帝死去，政局变化，《大明历》一直被搁置了 46 年后才颁行于天下。而这时，祖冲之已经去世 10 年了。祖冲之虽未亲眼见到《大明历》的实行，但他为此而表现出来的蔑视权贵、捍卫科学的献身精神永远值得人们的尊敬和发扬。

和尚科学家

在中国唐朝有一位非常著名的天文学家，名叫僧一行。他不仅以学识渊博著称于世，而且还因为是个和尚而格外引人注意。一位著名的科学家，为什么出家当和尚呢？

一行原名张遂，是唐初王公的后代。他虽然出身豪门，家世显赫，却从未沾染纨绔子弟的习气。张遂从小就刻苦好学，博览群书。尤其对天文学和数学十分喜欢。他常常仰望天空细心观察天象；为了弄懂数学上的疑难问题，曾不辞劳苦，长途跋涉到几千里外的天台山国清寺（在今浙江省）去虚心请教。这使他在青年时期就颇负盛名，成为了一位以学识渊博著称的学者。

张遂学问高深，又投身佛门，这就使他的科学生涯带有一道神秘的光环。当时正是女皇武则天当政，她的侄儿武三思自恃皇族，耀武扬威。他不学无术，却好附庸风雅，到处网罗文人墨客，以博取"礼贤下士"的美名。武三思听说张遂博学多才，很有名气，便千方百计要把他招到自己门下，以壮其威。张遂素知武三思为人，不肯与之同流合污，更不愿因此而败坏自己的名声。但他知道，这样做势必会冒犯皇亲贵族，凶险难测。为了躲避武三思的纠缠与迫害，保持自身的清白，张遂断然逃到河南嵩山，在那里削发为僧，出家当了和尚，取法名为一行。

一行当了和尚，并没有完全脱离尘世，对科学的关心，使他仍然坚持观察天象，注意日月星辰的变化。唐玄宗即位以后，听说一行精通天文历法，就命他主持修订新的历法。在修订历法的过程中，一行和其他人共同制成了观察天象的浑天铜仪和黄道游仪。

浑天铜仪是个模拟天球运动的模型。它的结构很复杂，是在汉代以来浑天仪的基础上加以改进制成的。一行等人改制的浑天铜仪最大的特点是用水力驱动运转。仪器上半部像个天空，上面布满星宿，底下注水冲动轮子，仪器便每昼夜自转一周，这与天上星宿出没和运动情况相符合。另外，仪器上还装有一套传动齿轮，用来带动两个木人，一个木人每一刻钟敲一下鼓，另一个则每隔两小时击一下钟，这些动作都是按时自动完成的，可以说这就是世界上最早的天文钟了。

黄道游仪是另一种用来观测日、月、星辰的位置和运动情况的天文仪器，用它来观测天象，可以直接测量出日月星辰在轨道上的坐标位置。

一行用这些仪器重新测定了150多颗恒星的位置，发现与以前天文学上测定的数据相比，有很大差距。由此，一行推断，恒星本身在天体上的位置，也是不断地在移动着，并不像古人所说的那样恒星是永恒不动的。一行是发现恒星运动的第一人，后来英国天文学家哈雷也发现了这一事实，但比一行晚了近1000年。

为了改革历法，一行和其他天文学家还在全国各地进行了测量日影的工作。他们用标杆测量日影，来推算太阳的位置和节气。为了计算全国各地的昼夜时刻和太阳出没的时间，他们将全国分成24个地区并对这些地区的北极高度和日影长度进行测量。除了用标杆来测量日影，一行还设计了一种名叫"复矩图"的测高仪器，来测量各地的高度，同时他们还仔细测定各地间的距离。根据测量结果，一行抛弃了古代的错误结论，得出北极高度差1°，南北距离大约为351里80步（唐代尺度）的结论。这个数据就是地球子午线一度的长度，化成现在的单位，子午线一度长129.22千米，比起现代测量的111.2千米，这个数据显然误差较大，但这是世界上第一次子午线长度的实测，因而，一行的工作是开创性的。现在，他的名字已列入世界文化名人之册。

一行最大的成就，是他在总结历代天文历法成果的基础上，主持修订成功的《大衍历》。

《大衍历》是一部具有创新精神的历法，它继承了古代天文学研究传统，但又不完全受旧传统的束缚。中国历法起源很早，中国古代曾多次修订过历法。东汉时期实行的《四分历》，确定一年为 365.25 日，大致与古希腊当时的历法相当。东汉末年，人们认识到《四分历》的误差太大，就进行了修订，提高了精度。南北朝的祖冲之又制定出《大明历》，确定一年为 365.2428 日，这在当时是相当精确的，以后五六百年里没有超过它的。一行修订的《大衍历》最突出的成就，就是比较正确地掌握了太阳在黄道（古人假设的太阳运行轨道）上运行时速度的变化规律。经过反复推算，确定了 24 个节气的准确时间，这与天文实际基本上是相符的。《大衍历》比汉武帝以来的各种历法都更为精密，是当时世界上先进的历法。日本人吉备真备到中国唐朝留学回国时，就曾把《大衍历》带了回去，日本也参照《大衍历》制定了自己的历法。

多才多艺的科学家

沈括是我国历史上卓越的科学家，他博学多才，成就卓著，在天文、地学、数学、物理、化学、生物、医药以及水利、军事、文学、音乐等许多方面都有精湛的研究和独到的见解。同时，他又是一位文武双全的政治家，像他这样博学多才的科学家和政治家，不仅中国历史上少有，世界范围内也颇为罕见。沈括一生之所以取得那么多重大的成就，是与他勤奋好学、刻苦钻研分不开的。

沈括生活在北宋时代，这是我国历史上社会安定、生产发展、科技兴盛、人才辈出的时期。这对沈括一生的科学活动产生了重要影响。

少年时代的沈括勤奋好读，在母亲的指导下，14岁就读完了家中的藏书。他13岁开始研究书法，18岁时就因对医学有较深的研究而远近闻名。沈括从青少年起就养成了勤读好问、善于独立思考的好习惯。有一次，他读一本经书，看到有一处注解把"车渠"说成是"车轮的外圈"，他觉得这样的解释是错误的。别人听了都不相信，认为那是东汉大经学家郑玄作的注，怎么会有错呢？沈括就把他在东海之滨见到的一种贝类动物，大的有簸箕那样大，当地人把这种动物叫作"车渠"的事实说给大家听，人们这才相信他说的是正确的。沈括这种不迷信书本，尤其不迷信权威的精神对他以后进行科学活动起了很大作用。

沈括青年时期曾做过县主簿（秘书）和县令。他十分重视发展农业生产和兴修水利，为促进地方经济发展做出了显著成绩。为了治理汴河，沈括亲自测量了汴河下游从开封到泗州淮河沿岸共840多里河段的地势。他采用"分层筑堰法"，测得开封和泗州之间地势高度相差十九丈四尺八寸六分。这相当于把相距400多千米的两地高度差测量精确到厘米、毫米，这在当时来说确实是一项了不起的成就。这表明沈括采用的测量办法在当时是比较先进的，同时也说明他对待科学的态度是极其严肃认真、一丝不苟的。

沈括对待科学精益求精，从不马虎。他观察和描述事物非常细致、具体、准确，没有封建时代某些文人虚词浮夸的坏习惯。例如，在他的科技著作中对雷电、海市蜃楼、龙卷风以及地震等自然现象的记载，非常细致贴切，生动形象，使人们读了仿佛身临其境一样。沈括对天文学很有研究，但他从不因此而满足，始终坚持亲自参加实际的天文测量。为了准确测定出北极星的位置，他一连三个月，每天晚上前半夜、午夜、后半夜都通过浑天仪的窥管（观测管）各观察一次，并画三张图来标明北极星的不同位置。这样，他一共画了200多张图，最后判定出北极星并不在正北，而在偏离北极3度的地方。

沈括观察事物也总是带有科学的眼光，从不放过一点点细微的差别。在日常生活中，他发现每天的时间都不是一样长。夏至前后几天短些，而冬至前后几天长些。用现代极为准确的天文钟去测量，这种差别每天也不过几秒。用当时一般的计时器（滴水和沙漏）却是很难发现这一现象的。尽管沈括对于自己的这一发现确信无疑，但他并不急于将这一发现公布于世，而是又耐心观察了10余年，最后才予以肯定，并运用数学方法算出了每日相差时间的大小，从而在理论上也证明了他观察的正确性。由此可见他严肃的科学态度和严谨的治学精神。

指南针是我国古代伟大的发明之一，但指南针怎样使用才能最接近准确呢？沈括对此进行了多方面的实验，先后总结出四种方法。他首先把指南针放置在水面上，虽然指针可以自由转动，但水面经常摇晃，不能使磁针稳定地指示南方，他觉得这种方法不理想。接着，他又实验把指南针放在碗边上，这样磁针转动非常灵活，可是很容易滑落下来，因而也不可取。他又试着把指南针放在指甲面上，也遇到同样的问题而舍弃。最后，他发现若把指南针用丝线悬挂起来，这样就会既灵敏，又不容易脱落了。他从蚕茧中抽出一根长长的细丝来，然后用很少一点蜡把细丝粘在针中间，悬挂在避风的地方，这样磁针就总是指向南方了。他把这四种方法都收集在他的科技著作《梦溪笔谈》中，通过比较实验，他认为这最后一种方法最理想。这是世界上关于如何使用指南针的最早记录。这在今天看来是轻而易举的事情，但在当时的条件下，却并非容易做到。沈括在实践中能总结出这样的经验，充分体现了他刻苦钻研、锲而不舍的精神。

沈括一生追求科学，在政治上也是极其开明的，他曾追随地主阶级的革新派王安石，积极参加过历史上有名的"王安石变法"，并因此遭到保守派的打击，被贬回乡。沈括一生中无论是做官还是退居乡里都没有放弃过科学研究，他的研究范围很广，是一位矢志于科学研究又有突出成就的科学家。

沈括毕生从事科学活动的成果，主要反映在《梦溪笔谈》一书中。这部笔记体裁的科学著作，记录了古代人民在科学技术方面的卓越贡献和他自己的研究成果，反映了我国古代特别是北宋时期自然科学所取得的光辉成就，不仅是我国古代优秀的文化遗产，同时也是世界珍贵的科学典籍。

中国第一位女纺织家

上海是我国最大的纺织工业基地，这里生产的棉布品种繁多，质地优良，畅销全国，闻名世界。历史上曾有许多科学家、技术专家对上海的棉纺织业的发展做出过巨大贡献，其中最著名的是一位女革新能手，她就是我国古代杰出的纺织技术革新家黄道婆。

在中国历史上，女艺术家、女文学家甚至女官员并不鲜见，但像黄道婆这样的女技术专家却寥寥无几。在中国漫长的封建社会里，劳动妇女能够从事科学技术革新，并做出卓越的成绩，为后世所传颂，黄道婆恐怕是第一人了。

黄道婆生于南宋末年（距今约800年），是松江乌泥泾（今上海县华泾镇）人。黄道婆出身于贫苦农民家庭，因生活所迫，十二三岁时就被卖给人家当童养媳。像所有封建社会里的劳动妇女一样，黄道婆从小就受到剥削阶级和封建礼教的双重压迫。她白天下地耕作一天，晚上纺纱织布到深夜，还要遭受公婆、丈夫的虐待。有一次，黄道婆又被公婆、丈夫毒打一顿，并被锁在柴房里不给饭吃。她再也不能忍受这种非人的生活，决心逃出去另找生路。半夜里，她在墙壁上掏了个洞，逃了出去，只身躲进一艘即将航行的海船，后来随船流落到崖州（今海南省匡县）。

海南岛是当时我国主要产棉区之一，是两广地区棉纺织业的中心。崖州的黎族劳动妇女都擅长纺织，而且技术先进娴熟。她们织出的"花被"、"缦布"、"黎单"、"黎饰"、"鞍搭"等样式精美，远近闻名。黄道婆流落他乡后，人地两生，无依无靠，面临绝境。善良淳朴的黎族同胞十分同情这位汉族姐妹的不幸遭遇，不仅帮助她安顿下来，而且还热情地向她传授纺织技术。黄道婆从小受苦养成了吃苦耐劳的好品质，加上心灵手巧，虚心好学，不仅很快熟悉了新的制棉工具和整套纺织过程，而且熟练掌握了各种先进的纺织技术，终于成为一个技艺精湛的纺织能手和纺织机械行家。

黄道婆在崖州生活了近30年，和当地黎族同胞结下了深厚的情谊。但是，她也一直日夜思念着自己的故乡。1296年，黄道婆带着踏车、椎弓等黎族人民先进的纺织工具，依依不舍地告别了黎族同胞，回到朝思暮想的乌泥泾。

当时的乌泥泾和长江两岸以及中原地区棉花种植业有了广泛普及，但棉花加工技术却十分原始，与海南相比仍有很大差距，直接影响纺织业的发展。黄道婆看到家乡人民生活没有多大改观，虽然纺织机声终日不断，各家的生活依然十分艰难，心里很难过。她觉得一个重要原因就在于生产工具落后，劳动效率低下。她决心从改革纺织工具入手，以减轻妇女们的繁重劳动。

黄道婆根据在崖州学到的棉纺技术，结合家乡的实际情况加以改造，创造了一套"擀、弹、纺、织"的工具。

首先，在除去棉籽方面，黄道婆把黎族同胞用的"搅车"介绍过来，并加以改进，予以推广。去掉棉花里的籽，是将籽棉变成皮棉的重要步骤，过去都是用手剥或用铁杖去擀，又慢又累，非常落后。新的搅车装有一粗一细两根碾轴，操作时，两人转动碾轴，一人将棉花塞入两轴间的空隙里，碾轴相互辗轧，将棉籽挤出来，既保证了皮棉的质量，又大大提高了生产效率，是当时皮棉生产中重大的技术革新。

将皮棉绷弹蓬松轻软是纺纱前的必要准备，过去普遍使用的工具是只有1尺多长的小竹弓，费时又费力。黄道婆把小弓改成1米多长的大弓，弓弦换成绳子，还用一把木槌来击弦弹棉，不仅效率大为提高，弹出的棉花也又均匀又细致。这种大的弹棉弓在今日江南也偶有所见。

纺纱的工具是纺车，当时松江一带使用的是旧式单锭手摇纺车，功效很低。黄道婆与木匠师傅一起研究实验，把这种纺车改制成脚踏三锭式，一下子提高工效三倍多。此外，黄道婆还改进了织机，主要在原来的织机上装一个"花漏"，按不同的织花要求布置经线，现代的织机也有类似的装置。

这些生产工具的改进，对当时棉纺织业的发展，起到十分重要的作用。黄道婆为此做出了不可磨灭的贡献。

黄道婆不仅教人们制造和使用先进的纺织器具，而且还向妇女们传授纺织技巧。黄道婆把江南原有的纺织经验运用到棉织业中，根据黎族人民织"崖州被"的先进办法，结合自己多年的实践经验，总结出一套比较先进的"错纱配色、综线挈花"等织造技术，并热心地向人们传授。因此，当时乌泥泾的妇女们"织成被、褥、带、帨（毛巾），其上折枝、团凤、棋局字样，粲然若写"，还能织出皇帝御用"龙袍"。一时间"乌泥泾被"成为全国驰名的产品。松江布"衣被天下"，还远销欧美，获得很高声誉。乌泥泾的居民因从事棉纺织业生活也有所改善。上海太仓、苏杭等地在乌泥泾的影响下，棉纺织业也有了新发展。到了明朝，松江一带成了全国棉布的生产中心。

由于黄道婆对棉纺织技术做出了这样巨大的贡献，因此，人们十分崇敬这位伟大的纺织技术革新家。她逝世后，当地人民举行了隆重的葬礼并兴建祠堂来表达对她的感激和怀念。

解放后，上海人民为纪念这位杰出的古代纺织技术革新家，在1957年，又重新修整了黄道婆的墓地。至今，在上海一带还流传着这样一首民谣：

> 黄道婆，黄道婆，
> 教我纱，教我布，
> 两只筒子两匹布。

人们真挚地歌颂黄道婆无私向人们传授纺织技术的高尚品德，并深深怀念这位古代杰出的劳动妇女。

元代杰出的科学家

郭守敬是我国元朝时期最负盛名的科学家。他毕生从事科学技术事业，一生有很多发明创造，尤其是在天文学和水利工程方面更有着特别的贡献，是 13 世纪世界上杰出的学者之一。

郭守敬生于公元 1231 年，出生在邢州邢台（今河北省邢台县）一个读书人家庭。他出生后不久，元世祖忽必烈就统一了我国北方，进而又统一中国，建立了元朝。

宋元时期我国封建经济文化有了高度的发展。但在宋末元初，由于连年的战争，生产遭到严重的破坏。为了恢复生产，发展经济，忽必烈进行了一系列的改革，特别在鼓励农业生产方面采取了一些有力措施。农业离不开水利，农业生产必须适应天时。因此，水利工程和天文历法研究成了当时经济和政治上的需要。

郭守敬是在科学上有多方面成就的科学家。他不仅精通天文历法，擅长水利工程，而且在数学、地理和机械工程等各方面也都有较高的造诣。社会经济的发展固然为他取得这么多的成就创造了物质上的条件，但成功的根本原因还在于他自身的努力。

郭守敬自幼是在祖父郭荣的抚养教育下长大的。郭荣精于天文、数学，擅长水利技术。后来郭荣又把他送到自己的好友大学问家刘秉忠门下学习。在祖父等人的教育影响下，郭守敬从小就养成了勤奋好学的习惯。他不仅喜欢读书，学习刻苦，而且善于动脑，经常思考一些问题，往往能够透过现象，去探索掌握事物的本质与规律。

在青少年时期，郭守敬的动手能力就很强，并开始在科学发明的道路上迈出了可喜的步伐。他在十五六岁时，偶然得到一幅石刻莲花漏的设计图纸。莲花漏是北宋科学家燕肃在古代漏壶的基础上改进创制的一种新式计时器。面对结构复杂的设计图纸，少年郭守敬没有退缩，对问题刨根问底的倔强性格促使他不弄明白誓不罢休。他白天想，晚上想，甚至走路、吃饭也不忘思索，有时还找一些材料来试制。经过几个月的仔细研究和反复实验，硬是在没有任何实物模型的参照下，弄明白了莲花漏的基本原理。原来这台仪器的关键是如何保持处于下方的一个贮水柜水面高度的稳定，只有这样才能保证计时器水流均匀，计时准确。燕肃的发明是在小柜的边上开一个分水口，通出一条出水管，这样就可以使贮水柜的水面始终保持在分水口处。在此基础上，郭守敬又加以改进提高，后来试制成一种比莲花漏更加精确的计时器——宝山漏壶。成年以后，郭守敬多次主持制造了构造非常精巧复杂的机械计时器，其中陈设在大明殿里的"七宝灯漏"，以水力做动力，采用了齿轮系和相当复杂的凸轮机构，工艺达到了很高的水平。这与他少年时代就刻苦钻研、勤于思索是分不开的。

　　郭守敬 20 岁的时候，在水利工程上也开始取得了初步的成就。当时邢州城外有座古老的石桥，由于年久失修，加上战争的破坏，河道堵塞，桥身也陷于淤泥之中，既影响交通，又经常造成水灾。人们要修复这座桥，可天长日久，谁都说不清桥基建在什么地方。郭守敬仔细勘察了河道上、下游的地形，又根据自己已掌握的水利方面的知识，不仅找到了原有的河道，还对桥基的位置作出准确的判断。人们根据他的判断，果然挖出了久被埋没的桥基。河道被疏通了，新桥也建起来了，人们对郭守敬那非凡的本领感到非常惊讶。那时也没有先进的勘测仪器，郭守敬怎么能透过淤泥"看"到旧桥基在哪儿呢？其实道理很简单，因为，他事先作了实地勘测，确定了河道走向和水势大小，同时又与已掌握的建桥方面有关跨度、桥墩等方面的技术知识放在一起综合考虑，从而作出了科学的判断。以后他受命整治修复许多被战争破坏的河道沟渠时，也是认真勘察，并善于学习前人修渠落闸的经验，因而在他指定安闸门的地方往往可以挖到过去置闸的遗迹。可见，郭守敬十分注重实践，学以致用，这也是一切在科学上有所发明，有所创造的科学家的一个共同特点。

郭守敬在科学上的成就，主要是在天文历法和水利工程这两方面，其中天文历法上的成就尤为突出。

郭守敬认为，要制定出一部比较精确的历法，主要取决于天文观测工作；要做好天文观测工作，首先应解决改进天文仪器的问题。在修历的过程中，他一共创制了简仪、高表、候极仪、仰仪、日月食仪等13件天文仪器。由于郭守敬善于吸收前人的经验又不照搬照抄，既注重实用又大胆创新，因而他创制的天文仪器，具有精致、灵巧、简便、准确的特点，不仅达到了元代以前我国历史上所未有的先进水平，而且达到当时的世界先进水平。《大英百科全书》就曾经指出，郭守敬创制的天文仪器比丹麦天文学家第谷的同样发明要早300年。用这些仪器进行大量的天文观测后，郭守敬等修成的《授时历》，确定一年为365.2425日，比地球绕太阳公转一周的实际时间仅差26秒，和现代世界通用的公历（《格里历》）完全相同，但却比它早了300年。所以《授时历》是我国古代最优秀的一部历法，同时也是当时世界上最先进、最精确的一部历法。郭守敬也以优秀天文学家的身份而跻身世界古代著名科学家之列。

《本草纲目》的编写者

"本草"就是现在所说的中药。由于绝大多数中药来源于植物，其中又以草类为最多，所以我国古时候的中药书一般都以"本草"来命名。例如，南朝的《神农本草经集注》，唐代的《新修本草》，宋代的《证类本草》等。在这丰富多彩、蔚为大观的本草学著作中，明朝的《本草纲目》成就最高，影响最大。它分类科学、纲目清晰、"博而不繁，详而有要"，被世界学人称为 16 世纪的"中国百科全书"。这本被誉为"东方药物宝典"的巨著，不仅记录了我们祖国医药学极其辉煌的成就，也反映了它的作者——李时珍不畏艰险力修"本草"的动人事迹。

李时珍是明代卓越的医学家、药学家。李家前几辈人都以行医为业，其祖父是个走乡串户的"铃医"，他的父亲也是个医术极高的医生，曾被荐为皇家医院的医官。受家庭环境的影响，李时珍从小就对医学产生了浓厚的兴趣，十几岁就随父亲上山采集药材，20 多岁时就成了远近闻名的良医。

一天，李时珍出诊刚回到家，渔民老庞就急匆匆赶来把他请去。原来老庞的妻子得了急病，吃了一副江湖医生开的药，病不但没好转，反而更加严重了。李时珍望着脸色蜡黄昏迷不醒的病妇，细细切脉，知道没有生命危险，便一面安慰老庞，一面取出急救药叫老庞服侍妻子用下。

老庞的妻子渐渐苏醒过来，但李时珍却陷入沉思。药方并没有开错，会不会药有问题呢？他倒出药渣，果然发现药渣中的"虎掌"是方子上所没有的，而方子上的"漏篮子"药渣里却没有。他一下子明白了，旧本草把"漏篮子"也称作"虎掌"，药铺肯定是错把"虎掌"当作"漏篮子"配药了，这怎么能不出差错呢？

这件事给李时珍震动很大。他又想起，"本草"书上说，巴豆是泻药，可他有一次给溏泄病人服用少量的巴豆，反而止住了腹泻。后来继续使用，成功病例已达百人。他还听说，有位绅士按"本草"书所说，把"草乌头"当作"川乌头"服用，结果一命呜呼！此外，他还发现旧"本草"中把滋补强壮药与止痢消食药混为一谈；同名异药、异名同药不加区分的错误也很多。这些错误轻则影响治疗效果，重则还会造成医疗事故。李时珍深深感到，这种状况实在不应该再继续下去了，他决心重新编写一部新的本草学著作。

修订本草谈何容易！这要耗费巨大的人力、物力，过去都是由朝廷来主持修订的。可当时，封建统治者一心想炼丹成仙，根本不重视真正的医学技术，对修订本草一点不热心。李时珍毅然独自一人承担了这一艰巨的工作。

修订本草，需要医学、药学等多方面知识。李时珍博览群书，把800多种书籍中的本草学资料摘录下来，然后按照门类，一味一味地编排。为了弄清有些药物的形状、性味、功效，并探求新药，李时珍时常带领徒弟走出家门，长途跋涉，采药问方。他广泛地向农夫、渔夫、樵夫、猎户等请教，足迹遍及湖北、安徽、江西、湖南、江苏等地，登过大别山、茅山、伏牛山等许多名山，采集了许多珍贵的药物标本，写下了数百万字的访问记录。仅此一项，李时珍就花费了大约15年的时间。

李时珍对药物从不迷信旧本草中的描写，而是亲自观察尝试，品其甘苦辛酸，有时甘愿冒着生命危险也不放弃。有一次，李时珍到武当山访问药农，药农告诉他，有一种名叫曼陀罗的草，食后会使人发笑，甚至兴奋得手舞足蹈而不能自制。可是这在旧本草上没有记载，药农也搞不清楚，李时珍决定亲自尝试弄清它的药性。他找来并吃了曼陀罗草后，不一会便口角发麻，神情恍惚，甚至失去痛觉。徒弟和药农都劝他不要再试了，李时珍觉得这些症状都说明这种草有麻醉作用，但服多少量合适呢？于是他又不顾一切多次服用不同量的曼陀罗草，几近中毒，终于弄清了它的药性，最后得出准确结论——将曼陀罗草与火麻子花阴干，碾成末，和上酒，配合服用，可以当作外科手术的麻醉镇痛剂。

大豆可以解毒这一药性，在古医书中早有记载。许多本草书籍对这一条都是抄来抄去，但怎样服用，服多少量合适却没有说明。李时珍觉得在自己的新本草中决不能再这样糊里糊涂地照录下来。他先做了个实验，给小狗吃上毒药，然后喂以大豆，不料小狗死了。是不是量没掌握好呢？他决定亲自试一试，大家都劝他不要冒这个险。可是李时珍心里只有新本草，毅然吞毒。过了一会儿，毒性发作，他开始吃大豆，接连做了几次这样危险的实验，终于发现大豆确有解毒的功效，但必须加上甘草，其解毒效力才能显示出来。

还有一次，李时珍在民间采访中，听说湖北太和山（今武当山）上有一种"仙果"，人吃了可以长生不老。可那里是皇家封地，老百姓去了是要被杀头的。李时珍为了弄清"仙果"的真实药性，冒死偷采了几枚，亲自品尝，体会到这种名叫榔梅的果子只不过可以生津止渴罢了，这样就揭穿了所谓"仙果"的秘密。

就这样，为了编好《本草纲目》，李时珍"收罗百氏"、"访采四方"，行万里路，读万卷书，历经千辛万苦，得到了大量宝贵的药物知识和治疗经验。回到家里后，他又不分昼夜、呕心沥血进行编写工作。经过27年的辛勤工作，李时珍三易其稿，终于在61岁时完成了这部饮誉中外的药物学巨著——《本草纲目》。

手工业巨著——《天工开物》编撰者

在封建社会，读书与做官是紧密联系在一起的。"万般皆下品，唯有读书高"成了封建文人恪守的信条；"学而优则仕"被认为是天经地义的事。为了功名利禄，有的醉心科举，老死文场而无憾；有的耗尽年华，赚得"英雄"而白头；有的"士至蹉跌或十年不得官"；有的演出一幕幕范进中举式的人间悲剧。吴敬梓的《儒林外史》对此作了无情的揭露和辛辣的讽刺。书中人物王冕便是一位不屑科举，"众人皆醉，唯我独醒"，"出淤泥而不染"的理想化身。无独有偶。明朝确有一位王冕式的人物，所不同的是，他没有流连于世外桃源，吟诗作画，而是置身在当时科学技术的创造和商品生产的发展之中，不慕功名，潜心著述，写下了一部以手工业生产为主的科学技术著作——《天工开物》。他就是明朝著名的科学家宋应星。

明朝科举盛行，一般文人儒生都热衷于追求仕禄，整天死读经书，埋头故纸堆中，脱离生产劳动，对生产问题一窍不通，宋应星对这种现象十分厌恶。

有一次，几个书生模样的人在一起大谈"楚萍""莒（jǔ，春秋时期国名）鼎"，口若悬河，绘声绘色。旁边听的人连连称是，讲的人更是扬扬自得。宋应星想，"楚萍"只是传说中的植物，谁也没见过；"莒鼎"也是好几百年前铸造的，早已失传，这些人知道得这么清楚，一定很有学问，就上前向他们请教。

"请问，楚萍是什么样子？莒鼎又是怎样铸造的?"宋应星问。

高谈阔论戛然而止。书生们你望望我，我看看你，一时语塞，竟半晌说不出话来。

宋应星又指了指屋外面盛开的梨花、枣花，问："这是什么花?"竟无一人能正确回答。"你们谁见过铸锅的模子?"又是一阵沉默。

事后,宋应星感慨地对家人说:"这些人连枣花、梨花都不认识,却去猜想传说中的'楚萍';连铸锅的模子也很少见过,却妄谈古代的'莒鼎'。这都是追求功名,读死书害的呀!"

宋应星年轻时也是封建科举制度的受害者。他出身明代"望族",祖上世世代代靠读书做官。开始,他也想走这条道路,可是处处碰壁的事实使他对科举的弊端有了一定认识。特别是当时正是资本主义经济在我国开始萌芽的时代,社会生产力和科学技术获得了更加广泛的发展和进步。手工业生产的兴旺,工匠技术上的创造,商品生产的发展,封建观念的动摇,促使宋应星逐渐淡泊了名利,全身心地投入农业和手工业生产技术等方面知识的总结和整理工作中。这时他已不羁到处奔波应试,即使后来当了官,也利用工作之余孜孜不倦地撰写《天工开物》。这部书刻印前,他在序言的结尾意味深长地作了这样的声明:"此书于功名进取,毫不相关也!"这句话集中反映了他的生活实践有了明显变化。他逐步摆脱了曾经葬送自己宝贵青春的"学而优则仕"的影响,开始走向从事科学实践和总结劳动人民生产成就的新生活了。

宋应星深知理论脱离实际的危害,所以他写书时,从不夸夸其谈,空洞无物,而是注重实地观察,认真总结。凡是在书中记述的,都以自己的亲身见闻和实践作为主要依据。例如他在叙述锄板的锻造技术时说,锻成后要"熔化生铁淋口",再入水淬火,并指出锄头每重一斤,"淋生铁三钱为卒。少则不坚,多则过刚而折"。讲到制锉的时候说,錾出纹理后,烧红,必待微冷后再淬火,这是这项工艺的关键,这样可以防止工件变形和开裂。像这些精湛的技艺,只有熟练的工匠才能掌握,作者也只有深入工匠之中经过细心观察研究,才能详细了解并且作出具体而正确的记述。

宋应星还特别注意用数据说明问题。在论制瓷技术时说:"要做成一只杯子,得经过72道工序,才能完成。"谈到制油时,说:"凡胡麻与蓖麻子、樟树子每石得油 40 斤，菜腹子每石得油 27 斤。芸苔子每石得30 斤，其耡勤而地沃，榨法精到者，仍得 40 斤。陈历一年，则空内而无油。"他在书中对生产各种产品所需要的时间、人力、产量，生产工具的规格、尺寸、效率，各种金属的比重，合金成分的比例，以及一些火器的射程和杀伤力等等，都有具体数据说明。像这样细致详实的记载，在宋应星之前是没有人做过的，很有科学价值。

从事科学研究来不得半点掺假。宋应星对古书上的记载本着精华保留，糟粕剔除的原则，决不照抄照搬，人云亦云。例如有些药书上说，砒霜产生的地方可以找到锡矿。他经过考察，指出这是没有根据的说法；还说有些骗人的江湖术士，用炉火炼丹来骗人，其中最容易使人上当的就是利用朱砂和水银之间的变化。

宋应星很重视发展农业生产，也重视手工业和商业的作用。他引用"贵五谷而贱金玉"的名言，作为《天工开物》各卷排列次序的原则，把有关农业的内容排在卷首，其次是衣、用方面，把"珠玉"篇列在卷末。他认为总结农业、手工业生产实践经验时，应当重视提倡对广大人民有实际意义的生产，对那些只供少数达官贵人享用的东西则应少讲或不讲。例如讲稻，包括高山可种的在内，他讲了很多有价值的品种。但是，对"香稻"，他就很反感。他说："香稻一种，取其芳气，以供贵人，收实甚少，滋益全无，不足尚也！"讲衣服，提到"龙袍"，只以"不可详考"等寥寥数语冷冷带过；而讲"布衣"，因为是广大人民所必需，"凡棉布御寒，贵贱同之"，所以讲得尽量详细。讲瓷器，他讲德化窑烧造的瓷器精巧人物玩器，"不适实用"；而景德镇的瓷器"凡大小亿万杯槃之类，乃生人日用必需，造者居十九"。这就不仅讲出了烧造了什么样的瓷器，而且进一步表达了什么样的瓷器是广大人民所需要的。

历时三年，呕心沥血，宋应星终于完成《天工开物》这部巨著。这部被外国人赞誉为"中国古代技术的百科全书"分上、中、下三部，共

18 卷，字里行间闪烁着智慧的光芒。它不仅是了解我国古代科学技术成就的重要文献资料，而且其中蕴含的实事求是的科学精神，严肃认真的科学态度，弘扬民族自尊的品格风貌，形成了不朽的精神财富，感召后世，启迪人生。

故宫的建造者

初到北京的人，往往都要去游览一下故宫。那金碧辉煌、气象万千的殿堂宇阁，常常使人思绪萦绕，留连忘返。

故宫位于北京市中心，是中国封建社会最后两个王朝——明清的皇宫。这座古老而又雄伟的紫禁城，是封建社会皇权的象征，它们既是封建社会最高统治者——皇帝剥削压榨劳动人民，过着骄奢淫逸生活的历史见证，又是古代劳动人民血汗和智慧的结晶。

在我国古代建筑史上，故宫建筑群占有十分重要的地位。这一古代宫廷，规模之大、风格之美、建筑之辉煌、陈设之豪华是世界上少有的。故宫是我们中华民族珍贵的文化遗产，也是世界上现存规模最大、保存最完整的古代木结构建筑群。登上景山，远眺故宫，飞檐重叠，琉璃连片，人们不禁为那人间仙境般的建筑赞叹，也为鬼斧神工的技艺叫绝。中国古代工匠们的这一精心杰作，让中外游人叹为观止。

在参加修建故宫的千千万万个古代工匠中，有一个名叫雷发达的人更富有传奇色彩，他从一个普通工匠到一个杰出的建筑设计家，走过的道路是不平凡的。

雷发达是明末清初时期的人。他父亲是个木匠，为了家庭生计颠沛流离，四处做工也维持不了一家的温饱。在当时社会中，木匠手艺被视为"奇巧淫技"，是登不了大雅之堂的"雕虫小技"。可是，由于家庭的影响，雷发达从小就对锯呀、刨呀产生了兴趣，再加他心灵手巧，勤学苦练，学什么像什么，父亲也就把自己的本事和经验一股脑儿都教给了他。

明朝末年，雷发达跟随父亲举家迁到南京。都市的繁华、建筑的精美使他大开眼界，给他的学艺生涯带来了意想不到的收获。从他家乡江西迁往南京的路上，他看到各式各样的建筑。雷发达是个有心计的人，每当出现以前没有见到过的新样式时，他都细心观察，反复琢磨，记在心里，碰到弄不懂的地方，就虚心求教。特别是到南京城后，看到的宫殿、庙宇、高塔以及各种式样新颖的亭、台、楼、阁等，结构精巧，辉煌壮观，更使他萌发了致力于建筑设计的想法。他在父亲的鼓励下，一方面继续做好木工活，另一方面加紧学习绘画。尽管他没念过几天书，但他刻苦钻研，多方求教，很快就掌握了绘制图纸的技术，并在设计中敢于追求新意，不受老框框的束缚。因此，在他30岁的时候，不仅刨、锯、凿、铆等木工技艺样样精通，设计的图样也新颖别致，富有创造精神，成了远近闻名的木工匠师了。

　　清朝康熙初年，雷发达以著名工匠的身份被征调北京，参加当时的清宫建设。由于他具有卓越的建筑设计才能，很快就在施工期间担任了工部（管理各种工程的部门）"样式房"（类似建筑设计院）的主管。

　　在建设清宫的实践中，雷发达的聪明才智得到充分发挥。他在学习前人设计思想的基础上，又善于总结施工中的成功经验，他主持设计和建造的三大殿（太和殿、中和殿、保和殿），既保留了古代的建筑精华，又突出了大胆创新的建筑风格，威严庄重，雍容华贵，成为古代宫廷建筑史上的传世杰作。更难能可贵的是，雷发达不仅精于设计，而且在施工中以其高超的技艺解决一个又一个技术难题。在太和殿上大梁时，梁架太高，榫卯无法合拢，不能安装。在场的工匠一筹莫展。雷发达知道后，马上召集工匠商量，共同研究解决办法。最后，雷发达不顾危险，亲自爬上梁架，用斧子斜打，终于使卯榫合拢安装成功，保证了上梁典礼按时举行。今天我们看到的故宫里的太和殿就是那时设计和建造的，以后虽经多次翻修改建，仍保持了原来的风貌。

雷发达在建筑设计方面有两大创新：一是采用设计图纸；二是制作建筑实物模型（那时叫烫样）。

建筑房屋绘制图样，隋唐以来就有，不过那时的图样没有传留下来。雷发达根据实际测量的总的地盘图，先画出草图，然后反复修改再画出详图。详图又分总平面图、局部平面图、透视图、装修花纹大样图等。最大的图纸和建筑实物相同，最小的也比一般建筑图的比例大。这些图纸、图形正确，尺寸准确，比例恰当，已经与现代建筑图纸相近。特别是有的平面图中又画出建筑实物的透视图，这种表现方式更是具有独创性。

在图样的基础上，再制作实物模型，这又是雷发达的独特创造。模型用草板纸做成，可分片安装，拆卸灵活，房屋内外结构一目了然，给施工带来极大方便。

雷发达担任皇宫设计工作长达 30 年之久，除了故宫以外，北京还有其他一些古建筑，如颐和园、圆明园（后被八国联军烧毁）、万寿山、北海、中南海以及皇家陵墓等都是由雷家子孙参与建造的。由于雷发达及其子孙在建筑设计上的突出贡献，当时人们就称他们一家为"样子雷"。

京张铁路的修筑者

詹天佑是中国历史上杰出的铁路工程师。

1904 年，詹天佑领命修筑北京至张家口间的铁路（即京张铁路）。这是中国人第一次用自己的钱和自己的工程师来修筑这样比较艰巨的铁路工程。

消息传开后，中国人民都为之欢欣鼓舞，一些外国人却把它当作笑话，并且讽刺说："建筑这条铁路的中国工程师恐怕还没出世呢！"

面对外国人的冷嘲热讽，詹天佑心潮滚滚，夜不能寐，又回想起了领命前后的一幕幕情景。

京张铁路，地处北京西北郊，战略地位十分重要。当时横行中国的帝国主义列强都想霸占这条铁路的修筑权，尤其是沙俄和英帝国主义更是明争暗斗，各不相让。最后他们都威胁清朝政府说：中国修筑京张铁路，如果是用自己的钱和自己的工程师，他们就不过问，否则就必须由他们来修。他们以为这样一吓，京张铁路就无法修成了。

詹天佑听到这些疯言狂语，气炸了肺，心想：中国的铁路凭什么要由外国人来指手画脚？他们这么欺负中国，我就是要做一件让中国人扬眉吐气的事让他们看看，中国人是有能力修建自己的铁路的。就这样，詹天佑怀着为中国人争口气的雄心壮志，顶着帝国主义的压力和嘲讽，全身心地投入了这项工程。

修建铁路首先要勘测地形。要修的京张铁路全长有 200 多千米，途经燕山山脉，大部分路段都在崇山峻岭之中。尤其是居庸关、八达岭一带尽是悬崖峭壁，地势十分险峻，给勘测工作带来极大困难。但是，詹天佑和他的助手们背着仪器，啃着干粮，整天翻山越岭勘测路线毫不在乎。有时遇上风沙、暴雨，稍不留神就会掉下深谷，但他们相互鼓励，把安危置之度外，手拉着手艰难地前进。

　　詹天佑为了获得准确的地形、地貌等方面的情况，还四处走访农民，亲自询问了解，并翻阅大量国内外资料从中取得经验。他常常是白天勘测劳累一天，晚上还要伏案画图设计，和助手们研究施工方案，詹天佑废寝忘食，夜以继日地工作，就是为了早一天把京张铁路修好。

　　修建铁路最困难的事情就是开凿山洞，京张铁路也同样如此。根据反复勘察测算，詹天佑决定在八达岭和居庸关之间的青龙桥下施工开洞。这样尽管比原计划的长度几乎缩短了一半，但也还有1000多米，工程量是相当大的。

　　1905年8月京张铁路正式破土动工了，1906年隧道工程仍在紧张地进行。这时詹天佑又兼任了沪嘉铁路顾问、总工程师，并参加另外两条铁路的修建。繁重的工作并未使他对修筑京张铁路有稍微的松懈。为了便于指挥，随时了解工程进展，詹天佑索性将总工程师办事处从北京移到南口。有人劝他说："你是总工程师，何必这样做呢？"詹天佑说："正因为我是总工程师，才不应该离开现场。"并表示："隧道一天不打通，我就一天不回北京。"在场的人听了，都十分钦佩詹天佑的决心。

　　隧道工程十分艰巨，那时没有现代化的凿岩机以及抽水通风设备，全部土石方都要用镐刨锹挖。一些崇洋媚外的人非常妒忌詹天佑的才能，到处散布说："这么困难的工程，洋人都干不了，他詹天佑能干得了？不过白花几两银子罢了。"詹天佑不屑与他们争辩，心里只想快点打通隧道，早日通车。

　　詹天佑亲自到隧道工地和工人们并肩战斗，带头往洞外运水，对工程质量也一丝不苟，毫不含糊。他常常10天半月不离工地一步，始终和工人在一起。工人们看到总工程师都能这样和他们一起同甘共苦，干得就更起劲了。经过全体工人和工程技术人员的努力，长达1091米的八达岭隧道只用8个月就打通了。在铁的事实面前，许多外国工程师只好认输，他们不得不承认中国人不仅很经济而且又很完美地完成了这项工程。

1909 年，京张铁路正式通车了，这比原定计划的 6 年整整缩短了两年，而工程费用却结余了 28 万两白银，整个工程的费用只有外国人估计的五分之一。

京张铁路的建成，宣告了中国人有能力修建自己的铁路。在詹天佑的指挥下，中国人完全凭借自己的力量，在十分困难的条件下完成这一举世瞩目的铁路工程，这无疑使中国人扬眉吐气。这一壮举既打破了帝国主义独霸中国铁路建设权的美梦，也使他们再也不敢轻视中国人的智慧和铁路工程技术人员的力量了。

京张铁路通车后，詹天佑接着就建议将铁路西展，并带头拿出自己多年的积蓄，购买了铁路债券，支援铁路建设，表现了一位中国工程技术人员对祖国的一片赤子之心。

今天，当我们乘坐火车，顺着京张铁路蜿蜒而上时，就会对当年的筑路大军顿生敬意，尤其对詹天佑因势利导"人"字形的路线设计，更会发出由衷的赞叹。今天在青龙桥车站，还矗立着一座詹天佑的铜像，那矍铄安详的神态，仿佛对祖国日益繁荣昌盛感到无限的欣慰。那铜像，既是对詹天佑为国争光的表彰，也是对中国第一条自筑铁路的永恒纪念。

中国著名的制碱专家

侯德榜是中国化学家，闻名世界的制碱专家。1890 年 8 月，他出生于福建闽侯农村。1920 年，获得美国哥伦比亚大学研究院化学工程博士学位。1921 年回国，曾担任塘沽永利碱厂和南京永利硫酸铵厂总工程师和厂长。1956 年以后，一直任化学工业部副部长，并担任全国科协副主席。1974 年逝世。

少年时代的侯德榜不仅学习刻苦，而且非常爱国。当他看到心爱的祖国被侵略者任意地蹂躏和瓜分时，痛苦而又愤怒。他立志要努力学习，长大后拯救苦难的中国。

在北京清华大学前身——清华留美预备学堂读书的几年中，侯德榜经常钻在图书馆里读书，在实验室里做实验。有好几次，他在实验室里忙碌到深夜，最后被好心的工友"赶"了出来。毕业考试的时候，侯德榜十门功课得了 1000 分，门门满分。随后他又考上美国名牌大学——麻省理工学院。当时，侯德榜想到，化学工业是整个国民经济的重要组成部分，而中国的化学工业刚刚兴起，特别需要这方面的专业人员，于是就改学了化学专业，八年后，获得博士学位。

那时候，中国人在外国，是被人瞧不起的。当他身穿博士服，头戴博士帽，在美国学府大厅里接受博士学位证书的时候，台下传来一片惊奇和赞叹的啧啧声。侯德榜并不认为这只是他个人的荣誉。他充满自豪地说："我始终没有忘记，我是黄帝的子孙。"

万国博览会上的金质奖章

碱是制肥皂、玻璃、纸张、医药等很多用品的重要原料。它虽然是以普通海盐为原料制成的，但是因为中国当时自己不会制碱，所以中国化学工业中需用的碱都依靠从外国进口。这样就出现了一个令人痛心的怪现象：中国渤海湾边的长芦盐场生产大量海盐，而在同一个海湾边的塘沽港，每天却要从轮船上卸下印有外国商标的纯碱。

1917 年，爱国实业家范旭东筹备创办中国第一家制碱公司——永利制碱公司。他重金聘请了一位美国工程师负责制碱技术。这位工程师反复试验均失败了，不得不辞职离去。侯德榜接受了范旭东的聘请，担任了永利公司总工程师。他吃住都在厂里，经过数次试验和改进，终于攻破技术上的难关，制出了雪白的纯碱。

1925 年，在美国费城举行的世界博览会上，中国永利制碱公司生产的"红三角牌"纯碱，夺得了最高荣誉——金质奖章。

宁肯给工厂开追悼会

以后的几年里，永利碱厂不断发展壮大，成为亚洲第一大碱厂。红三角牌纯碱远销东南亚和日本。

侯德榜并不满足，他又创办了永利宁厂，使之成为我国第一个生产硫酸、硝酸的制酸工业基地。

不久，抗日战争爆发。日本侵略者一眼看出这座工厂的国防价值：年产一万五千吨硝酸，可以制造好几万吨烈性炸药！日本领事给范旭东写信说，只要同意和日方合作，可以保证工厂安全。

范旭东和侯德榜义愤填膺地说："宁肯给工厂开追悼会，也决不与日本侵略者合作！"

日本侵略者恼羞成怒，就出动飞机轰炸永利宁厂。可是侯德榜他们早已将工厂里的重要机器设备全部拆迁到内地去了。后来，在四川建成永利川厂，使中国最初的化学工业不仅完好地保存了下来，而且得到了不断发展。

外国人感谢中国人

抗日战争期间，东南沿海沦陷在日寇手中。永利川厂用来生产碱的海盐供应中断。四川生产井盐，可井盐价格昂贵，生产成本自然随之提高了不少。不仅如此，侯德榜还发现，旧的制碱法只利用了食盐中的钠，而剩余的氯却变成了没有用的氯化钙被大量废弃了。于是，他大胆革新工艺，用食盐、氨气和二氧化碳废气作原料，生产纯碱，同时又生产氯化铵。这样一来，不仅把盐的利用率由70％一下子提高到96％，有效地降低了成本，同时还变废为宝，把那些原来认为没用的氯大部分制成了有用的化肥，并切实地解决了废料占地毁田、污染环境的难题。这是侯德榜的发明，因此，这种方法被称作"侯氏制碱法"。这种方法是对一百多年来制碱工业做出的重大改革。全世界轰动了，奖章、学位、荣誉称号从五大洲向侯德榜涌来。著名的英国皇家学会请他做会员，在当时的中国，只有李四光和他得到了这种荣誉。

如果申请专利，侯德榜马上就会成为百万富翁。但是，侯德榜认为，科学的发明应该是属于全世界人民的，就用英语写成《制碱》这本书，把自己发明的侯氏制碱法毫无保留地公布于世。

这一次，轮到外国人来感谢中国人了。

学而不厌的老人

竺可桢（1890—1974），我国著名气候学家、地理学家，也是我国现代气象事业的创始人。他对中国近代气象学和地理学的建立和发展做出了很大贡献。

竺可桢是一位学而不厌，不知疲倦的老人。

在北京北海公园，人们常常可以见到这样一位老人，他早晨从北门进园，从南门出来；晚上又从南门进园，从北门出去。新中国诞生后，老人就一直这样出入北海公园十几年了。他不是别人，他是原中国科学院副院长，我国著名的气候、地理学家竺可桢。

你可别以为老人这样进进出出是在游览北海公园，他是要通过早晚的观察，了解北海公园里的冰雪哪一天开始融化；哪一天桃花开、杏花落；哪一天杨柳吐絮，布谷鸟第一声鸣叫……这些在别人看来平平常常、没啥出奇的自然现象，对竺可桢老人可是重要的气象资料哩！因为，冰融花开，絮飞鸟来，都是物候学、气象学很有参考价值的信号，弄清楚自然界这些生物生长、发育的过程和活动规律，就可以了解、掌握气候变化的脉络和规律，就可以为农业生产、为八亿农民提供耕耘、播种、收获的最佳气候条件与气候信息。

竺可桢老人不仅十几年如一日地进出北海公园观察各种自然现象，还天天亲自写观察记录，月月年年，从不间断。即使工作忙，不能亲自来观察，也要老伴或女儿帮他作记录，以备稍闲时研究。

竺可桢老人非常注重实际考察，他几乎走遍了祖国的山山水水。就在 1962 年他 72 岁高龄时，他仍不顾年迈体弱和别人的劝阻，到野外进行物候观察与研究。由于他多年的观察、记录、研究，在中国气候的形成、特点、区划以及变迁方面，在物候学和自然科学史的研究方面卓有成就，写下了许多论文。

特别值得称道的是，这样一位卓越的气候、地理学家仍然那样谦虚谨慎，学而不厌，总认为自己还知道得太少、太少……

83岁那年，竺可桢老人于1966年用英文写的《中国近五千余年来气候变迁的初步研究》一文经过七年修订发表了，论文受到世界科学界的赞赏和好评，这位将毕生心血贡献给祖国科学事业的老人，再次为人民争得了荣誉。

84岁的时候，为科学奋斗了一生的竺可桢老人，生命正处于垂危之中，仍念念不忘学习。在他逝世前两个星期的一天，照例有许多人来探望他。为了让他更好地养病和休息，所有的亲戚和朋友都被他的夫人留在病房外。这时，他猛然听到一个非常熟悉的声音——他的外孙女婿的谈话声，老人便迫不及待地叫他进来。

原来，竺可桢老人的外孙女婿是中科院高能物理研究所的研究人员，而竺可桢虽说已是著名的大科学家了，但他对"基本粒子"这门新学科的知识还了解不够，对此，老人十分着急，他想趁养病的机会让外孙女婿给讲讲。老人曾八次向晚辈求教"补课"，今天他当然不会放过这次难得的学习的好机会。

外孙女婿进屋后看到老人虚弱、憔悴的样子，十分心疼和为难，可又不好违拗老人的意思，只好给他讲起"基本粒子"的知识。

老伴劝他说："你病成这样，连坐都坐不住，还学这个干什么？"

竺可桢老人却认真地一字一顿地说："不成，我知道得太少了。"

直到外孙女婿讲罢，老人才舒心、满意地笑了——一位多么可敬的、学而不厌的老人啊！

中国杰出的科学家

1991 年 10 月，国务院、中央军委授予钱学森同志"国家杰出科学家"的荣誉称号，号召全国科技工作者向钱学森同志学习。学习他赤诚的爱国主义精神，崇高的民族气节，坚定的共产主义信念和自觉接受党的领导的党性原则。

钱学森一生的经历和贡献表明，他对于这一荣誉称号是当之无愧的。

钱学森是我国著名的航空工程和空气动力学专家。早在 1935 年，就曾赴美国研究航空工程和空气动力学，并担任过加利福尼亚工学院超音速实验室主任和"古根罕喷气推进研究中心"的负责人。

在新中国诞生前夕，钱学森在美国已取得了一定成就，他所生活的环境和从事研究的工作条件是一流的，是国内无法比拟的。

可是，当第一面五星红旗在天安门广场上冉冉升起的时候，钱学森再也按捺不住内心的激动和喜悦，他为祖国、为民族的新生感到骄傲，对祖国真挚的、强烈的爱以及祖国对海外赤子的召唤，使他归心似箭！他决定回国，他要用自己的知识和专长为新中国的经济建设和科学事业服务！

1950 年 9 月中旬，钱学森毅然辞去了加利福尼亚工学院超音速实验室主任和"古根罕喷气推进研究中心"负责人的职务，办理了回国的手续，并买好了由加拿大飞往香港的飞机票，甚至行李也交给了搬运公司装运，一家人正准备就绪、行将待发。然而，就在他即将离开洛杉矶的前两天，美国移民及归化局却突然通知他：不准回国！并威胁他道：如果私自离境，就要罚款、拘留、坐牢！

过了几天，钱学森果真被抓进了美国移民及归化局看守所被拘留起来。

当时正值麦卡锡主义横行，他们无中生有地指控钱学森"参加过主张以武力推翻美国政府的政党"；钱学森交给搬运公司的行李也遭到美国海关和联邦调查局的无理检查。他们还诬陷钱学森"反美国移民法"，扬言要把他"驱逐出境"，可话说出口没多久，又急忙改口，因为，"驱逐出境"对归心似箭的钱学森来说，正是求之不得的事哩！

在看守所，钱学森的行动处处受到移民局限制、刁难和联邦调查局特务的监视。正如钱学森后来曾回忆的那样："我被拘禁的 15 天内，体重就下降了 30 磅。在拘留所里，每天晚上，特务每隔一小时就走进来把你喊醒一次，使你得不到休息，精神上陷于极度紧张的状态。"

这种迫害与折磨简直就是非人的、残忍的！它立即引起了美国科学界的公愤。一些美国友好人士和钱学森的同学、朋友都千方百计地出面营救，为他找辩护律师，并募集了 15000 美金作为保金保释钱学森，才总算把他从看守所保了出来。

保释出狱后，钱学森行动仍不自由，仍然受到移民及归化局的严密监视，不许他离开他在洛杉矶的居所，并定期讯问他。

然而就是在那样的情形下，钱学森仍然心系祖国，心系祖国的科学事业，他克服了重重困难发表了《工程控制论》一书并讲授力学工作介质物理性质的理论"物理力学"。

钱学森一颗挚爱祖国的赤子之心从未冷却，政治环境的险恶反使这颗拳拳之心更加炽烈。他无时无刻不在思念着他伟大的祖国，他一直坚持斗争，要求回国。在他的努力和我国政府的交涉下，经过中美两国大使级会谈，达成协议：钱学森可以离开美国了。

1955 年 9 月，钱学森偕夫人与物理学家李整武夫妇同乘"克利夫兰总统号"邮船离开洛杉矶，驶向太阳升起的祖国。

1955 年 10 月 8 日，钱学森，这位归心似箭的海外赤子、这位已跨过"知天命"之年的 54 岁的中国科学家，历尽磨难终于回到了祖国的怀抱。当他一到广州，一踏上故国的土地，脸上便浮现出难以抑制的激动和笑容，他感慨万分地说道："我一直相信我一定能回到祖国。今天，我终于回到了祖国！"

钱学森自 1955 年离开美国、回到祖国后，就再也没有去过那里。在这个重大是非问题面前，他表现出了"高度的民族自尊心、民族自信心和民族气节"。

回到祖国，钱学森立即以百倍的热情投入了中国共产党领导下的现代化建设事业。

为了新中国国防建设事业的需要，为了更好地维护和保卫世界和平，我国也要搞导弹。

我国第一颗自行设计的中近程导弹终于在 1964 年 6 月 29 日获得飞行试验的成功；1970 年我国第一颗人造卫星发射成功，并向全世界播送了《东方红》乐曲。

导弹和人造卫星发射的成功，向全世界表明了中国人的志气和智慧；表明了外国人能干的，中国人也一定能干而且一定能干好；表明了新中国从此迎来了航天时代的黎明。

......

1989 年 6 月 29 日，在美国纽约召开的 1989 年国际技术交流大会上，授予钱学森"威拉德 W. F. 小罗克韦尔奖章"和"世界级科学与工程名人"、"国际理工研究所名誉成员"的称号，表彰他对火箭导弹技术、航天技术和系统工程理论所作出的重大开拓性贡献。

这是钱学森个人的光荣，也是中国人的光荣。

钱学森一生的经历和贡献再次表明：对于"国家杰出科学家"的荣誉称号，他是当之无愧的！

中国著名的数学家

华罗庚（1910—1985），江苏省金坛县人，中国著名的数学家。他一生在数论、代数、多复变函数论等方面有着深入的研究和卓越贡献。早年，曾被美国伊利诺大学聘请为"终身教授"。新中国成立后，毅然回归报效祖国。曾担任中国数学研究所所长等职务。著有《数论导引》《堆垒素数论》等数十种专著及大量的科学论文，在国内外享有很高的声誉。

华罗庚一生中有着许许多多动人的故事，本篇仅撷取一二，以飨读者。

"罗呆子"

小时候，华罗庚家里很穷。15岁那年，他好不容易考取上海中华职业中学，可只念了一年，就因交不起饭费而被迫退学了。退学后，华罗庚只好在小杂货店里帮助父亲记账、料理店务。生活的逼迫，并未使他灰心，他凭着顽强的意志和拼搏精神，走上了一条艰难的自学之路。

早在读初中时，华罗庚就酷爱数学。白天，他站柜台，柜台上放着他心爱的《大代数》《解析几何》《微积分》等借来的数学书和算盘，他呆呆地给顾客们拿东拿西，顾客一走，他便急忙埋头看书和演算；晚上，小店关门了，他在油灯下，更是如痴如醉般沉迷于数学王国里，差不多每天都要花十个小时钻研、苦读，直到深夜。

由于他完全被数学迷住了，人总是显得呆呆的，有时顾客来买东西，他总是答非所问，还常常闹出些笑话来。

一天，一位老人进店来买线，问他："一支线多少钱？"不料，他竟不假思索地答道："853729！""多少钱？""853729！""一支棉线竟值这么多钱？"老人吃惊之下，竟生气地走了。原来，华罗庚正全神贯注地埋头演算数学，老人一问，他便脱口说出了刚刚在香烟盒上演算出的结果，不想，竟得罪了老人，丢掉了生意。

父亲想不通自己的儿子为什么会这般迷恋那些谁也看不懂的"天书"，曾劝他要多"殷勤招呼顾客，多做些买卖，不要死钻书本"。华罗庚听了，却依然如故，一旦钻进数学里，就怎么也出不来。顾客来买东西，他不是拿错了货物，就是多找了钱款，甚至写错了货价。错误接二连三，闹剧演了再演，父亲气得要烧他的"天书"，他也由此得了一个雅号："罗呆子"。

华罗庚硬是凭着他这股"呆"劲，把店堂当成了学堂，在极为艰难的条件下，令人难以想象地自学了高中乃至大学初年级的全部课程，以他如痴如呆的奋发精神，奠定了日后走向成功的基础。

也正是凭着这股"初生牛犊不怕虎"的劲头，19岁那年，这个只有初中文化程度的青年竟写出了一篇题为《苏家驹之代数的五次方程式解法不能成立之理由》的论文，并发表在当时的《科学》杂志上。"罗呆子"的这篇论文不仅引起了当时数学界的极大震动，也引起了当时中国数学界的老前辈、清华大学理学院院长、数学系教授熊庆来先生的密切关注和兴趣，并由此托起了一颗"堪称为世界上名列前茅的数学家之一"的巨星。

"不，我一点也不后悔！"

华罗庚成名了！

他写的《论高斯的完整三角和估计的问题》等十几篇论文，无一不显露出中国人的智慧和才华，无一不闪耀着真知灼见的光芒，使外国人为之倾倒；他的关于"塔内问题"的提出，被誉为"华氏定理"；他经熊庆来教授的推荐，28岁那年，就当上了西南联大的教授。

从1940年起，他花了整整三年的心血，写出了皇皇数学巨著《堆垒素数论》，并被译成俄文出版了，受到了苏联学者的高度赞扬；1946年，他应美国普林斯顿大学高等数学研究所的邀请访问美国，又被美国中部伊利诺大学聘请为年薪一万美金的"终身教授"！这位才华横溢的中国数学家，受到了美国数学界的礼遇和尊重。在那里，他有丰厚的年薪、华贵宽敞的居室；有助手齐备、设施精良的科研条件；有贤淑的夫人和三个爱子依伴身旁……这一切都是金坛镇的小屋、西南联大乡间小厢楼所无法比拟的，但是，这位科学的巨子，却心系祖国，无时无刻不关心着来自祖国的每一条新消息！

中华人民共和国诞生了！新中国像磁石一样吸引着他。他下定决心放弃美国优裕的生活条件和科研环境，放弃美国"终身教授"的荣誉和年薪万元美金的"金饭碗"，他要回国！消息传开，许多人不解，华罗庚则以坚定的口气说道："为了抉择真理，我应当回去！为了国家民族，我应当回去！为了为人民服务，我应当回去！"1950年3月16日，华罗庚带着妻儿毅然回到了北京，回到了祖国。这时，他才不过40岁，年富力强，正是为祖国数学科学事业大显身手的好年华！

回到祖国后，生活和工作条件都十分艰苦，但华罗庚勤奋拼搏，努力工作，又写出了许多新的数学论文。其中《典型域上的多元复变数函数论》一文在数学上做出了开拓性贡献，获得了1957年我国科学一等奖；与他的学生王元一道应用代数数论的工具，提出了数值积分的新方法——"华—王方法"；写出了《优选法》一书，受到国外数学界的高度赞扬；像熊庆来教授一样，关心、培养了陈景润等一批数学新秀……有人问他："华先生，您不为自己回国感到后悔吗?"华罗庚十分坚决地答道："不，我回到自己的祖国一点也不后悔!"

中国著名的物理学家

    钱伟长出生在江苏省无锡县一位穷教书先生的家里。很小的时候，他就从父辈的身上体会到了生活的艰辛。由于生活的不稳定，他几乎上遍了镇上所有的学校，好不容易小学毕业了，祖母和母亲总算松了口气，他们希望钱伟长"学点手艺"或到邮局、铁路上去做工，因为"那才是铁饭碗"，可以从此挣钱养家。

    可是，倔强好学的钱伟长多么希望和别人一样能上中学、大学啊！他看看弟弟和8个妹妹，又看看祖母和母亲，低着头，一言不发，只是止不住泪水直流。因为他是个懂事的孩子，怎么会不清楚家里的艰难呢？

    后来，事情总算有了转机，在父亲和叔叔的支持下，钱伟长进了著名学者唐文治先生开办的国学专科学校，并在那里受到了良好的教育，开始了解和接触中华民族古老文化的精粹，并对文学、历史的兴趣和爱好日益浓厚炽烈。高中毕业时，父亲不幸去世，家里的日子每况愈下，祖母和母亲又提出要他去邮局或铁路当差。钱伟长感到进退两难，前途茫茫，心里苦闷极了，也只好听从命运的安排了。

    机会总算来了，他听说当时上海有位名叫吴蕴初的化学家，利用自己开办味精厂的利润，每年为几名成绩优秀的学生提供上大学的"清寒助学金"。钱伟长决定同命运抗争，他要凭着自己的发奋和努力，去争取这份助学金！

    他打点了简单的行装，告别了祖母和母亲，直奔上海，在那里，他苦战奋斗了一个月，连续参加了清华大学、交通大学、中央大学、武汉大学和浙江大学五所高校的招生考试。当他拖着疲惫不堪的身体走出最后一个考场，漫步到外滩公园门口时，一块赫然写着"华人与狗不得入内"大字的牌子直映眼帘，望着这块牌子，再看看那些自由出入、趾高气扬地从身边走过的洋人，禁不住怒火中烧，一种国土被践踏、人民受凌辱的痛苦和仇恨在胸中升腾，他无力地靠在黄浦江边的石栏杆上，凭思绪如滔滔江水奔腾不息。他想到，要有飞机，要造大炮，要有最先进的科学技术，才能使国家强大不受侵略者的践踏和蹂躏、才能斩断侵略者的魔爪使人民扬眉吐气，我们的国家和民族才能有希望强大和振兴！"对，我应该去学习科学，应该放弃文学，去学习物理！"钱伟长下定决心，他要弃文学理，振兴科学，振兴国家！

不久，钱伟长同时接到了 5 所大学的录取通知书，也拿到了一份"清寒奖学金"。他来到清华大学，见到了物理系主任吴有训教授，并向他表达了自己要改学物理的志向。"吴老师，我决心已定，我要放弃文学转学物理。""你的试卷我已看过"，吴教授和颜悦色地对他说："你文科成绩很不错，而数、理、化却不佳。按照你的情况，去中文系或历史系较为合适"。"不，我一定要学物理！""我有决心在数、理、化方面赶上去。"钱伟长坚持说。吴教授再一次打量了一下眼前的这个年轻人。他终于被钱伟长刚毅的性格和求学的热情打动了，允许他入物理系。不过，吴教授说："你可先在物理系学习一年，一年后，如果数学和物理的成绩达不到 70 分，你可得考虑改学文科的问题了。"

从此，钱伟长将报效祖国的热望化作了刻苦学习的动力，他忘不了外滩公园门口挂的那块牌子，忘不了洋人脸上那鄙夷的神色，他把这一切都化作了奋发图强的意志和毅力，他终于推开了科学的大门。一年后，他的数学、物理各科成绩都跨过了吴教授对他所规定的分数线。

吴有训教授满意了。钱伟长，这个浑身充满活力和信念的学生，从此越发长进，成了吴教授的得意门生。1935 年，钱伟长不仅顺利地获得了学士学位，还考上了吴有训教授的研究生，并为日后在物理学上的建树和成就奠定了坚实的基础，成为我国著名的物理学家。

中国卓越的生物学家

童第周(1902—1979)，中国实验胚胎学家，浙江鄞县人。他曾担任过山东大学、中央大学、同济大学、复旦大学教授，英国剑桥大学和美国耶鲁大学研究员。解放后曾担任山东大学副校长、中科院实验生物研究所副所长、海洋研究所和动物研究所所长等职，是中科院生物学部委员、主任。他是我国实验胚胎学的主要开创者。他早期在脊椎动物、鱼类和两栖类动物卵子发育能力的研究方面，有独创性发现。在研究海洋有害生物的防治、经济水产动物的人工养殖以及经济鱼类育种的新途径等方面，有着重要贡献。曾先后发表论文和专著70余篇。

童第周，这位有着卓越贡献的生物学家，在他的成功道路上布满了汗水和艰辛。为了为祖国和民族争气，他曾在亲友们的资助下出国深造，并把浓厚的民族情感灌注于学术研究之中，念念不忘为祖国争得荣誉。研究胚胎学经常要做精细的手术，为了锻炼双手的敏捷灵巧，为了培养自己严谨细致的科学态度和工作作风，他不厌其烦、不怕失败，总是几十次、几百次，甚至几千次地反复做着在别人看来十分单调而又枯燥的手术。在比利时留学期间，他曾娴熟而又成功地进行了一次别人搞了好几年也未搞成的青蛙卵膜剥除手术，为祖国争得了荣誉。

童第周选中了"细胞质对于细胞分化、个体发育和性状遗传方面的作用"这个国际尖端课题进行研究，并和他的学生、美籍学者牛满江教授合作，选择了鱼类作为研究的对象和材料，积极展开实验工作。这时，童第周已是年过70的古稀老人了，但为了尽早填补国际上这项科学研究的空白，他常常忘了自己年迈体弱，在冷库里一干就是七八个小时；带上一盒饭进实验室，饿了就吃上几口；为了保持实验的连续性，童第周和他的助手们常常在实验室里过夜；每逢鱼儿产卵季节，竟日以继夜地连续奋战几十天，由于劳累过度，有一次童第周教授竟晕倒在实验室里。他们的艰苦拼搏，终于换得了良好的实验成果。

　　1975 年，童第周和牛满江再度联手，进行了第二次协作研究。这一次，他们从鲫鱼卵巢成熟卵子中提取出信息核糖核酸，并把它注射到刚受精的金鱼卵里，终于成功地培育出一种珍奇稀有的鱼类新品种，这种鱼似金鱼又不像金鱼，似鲫鱼又不像鲫鱼。这项研究成果在细胞生物学和发育生物学上的意义可重要啦！为了纪念这一新鱼种的诞生和童第周与牛满江在细胞生物学上的新成就、新贡献，学术界就把这非金非鲫的新品种叫作"童鱼"！为此，著名诗人赵朴初还欣然作诗赞扬道：

　　　　"变化鱼龙理可知，
　　　　手捉造化出神奇。"

中国著名的细菌专家

"你的人生最美好",这是一面赠送给高士其老人的锦旗上的题词。它生动地概括了高士其老人平凡而又传奇的一生。

高士其福建省福州市人,是我国著名的细菌学家、诗人、科普作家。在他 80 年漫长的人生中,竟有 50 多年"被损害人类健康的魔鬼囚禁在椅子上"。但是,他却以一位共产党员的钢铁般的意志和惊人的毅力,将一颗赤诚的心和全部知识都奉献给祖国和人民,为后人写下了大量的科普论文和读物,创造了令人难以置信的生命奇迹,谱写了一曲激人奋进的生命的赞歌。

高士其自幼聪明好学,学业优秀。1918 年,他考入了清华留美预备学校,并以优异的成绩跳了一级插入二年级。年仅 13 岁的高士其在这里接触到了自然科学,开阔了视野,如饥似渴地吸收着科学的甘露。

1925 年,高士其在清华留美预备学校毕业后,怀着"科学救国"的美好愿望,被送往美国威斯康星大学化学系深造,继而转入芝加哥大学化学系。正当他即将毕业时,收到了一封有关姐姐被霍乱病菌夺去 23 岁年轻生命的家书,这件事使他陷入深深的悲痛之中,他不禁想起他的小弟弟士登 4 岁被白喉症夺去生命时全家极度悲痛的情景;想起自己 6 岁那年也患了白喉症险些丧命,经抢救才幸免一死;想到福州瘟疫流行时,死者枕藉,悲号遍野的哀状;旧中国的贫穷、落后和愚昧……这一切促使他放弃了他所喜爱的化学专业,进入了芝加哥大学医学研究院,他要以毕生的精力去从事细菌学的研究,去捉拿"小魔王",拯救千千万万尚未被病魔夺去生命的穷苦人。

为了消灭这些害人的"小魔王",高士其决心勇敢探索,为科学献身。他整天埋头在实验室里,他所选的研究课题是"食物毒细菌"。为了搞清楚这种食物毒细菌究竟如何危害人体，他竟置个人安危于不顾，亲自吞食一种名为"B·Aertry Cke"的病菌菌液，并记下吞食后的种种感觉。高士其这种勇往直前的献身精神深深地感动了他周围的老师和同学。

在与"小魔王"的战斗中，高士其真的不幸负伤、挂彩了。1928年，他在解剖一只患有甲型脑炎的豚鼠时，不小心被解剖刀划破了手指，加上刚好打破了装有脑炎病毒的瓶子，这种病毒顺着划破的伤口侵入了他的大脑并损害了他的神经，使他不幸患了甲型脑炎。这是一种非常难以治愈的顽症，他几乎每星期都要发一次病，发病时脖颈发硬，头往后仰，眼球上翻，双手颤抖不已，而且每到下午，便昏昏欲睡。不久他的左耳有点聋了，脚也不很灵便，学习和研究都十分困难。当时，高士其才23岁，正是一个人生命最美妙、生命力最旺盛的年龄，但他却被"小魔王"夺去了青春与活力。医生劝他马上停学，回国休养，但他硬是留了下来，以其惊人的毅力和钢铁般的意志一边与病魔斗争，一边继续坚持学习、研究病毒、细菌，直到1930年秋天，高士其结束了芝加哥大学医学研究的全部博士课程后，才怀着"科学报国"的强烈愿望回到魂牵梦萦、阔别五年的祖国。

高士其学成回国后，不顾自己病魔缠身，立即以满腔的热情投入了工作，并被聘为当时南京中央医院检验科主任。但是，由于当时政府当局的黑暗和腐败，使那时的医院"大门八字开"，穷苦人"有病没钱莫进来"！高士其所在的医院也同样如此。那些为改善医院医疗条件、购置医疗设备的30万元华侨捐款，竟被院长和几个医生侵吞私分了20万元，医院的显微镜等必要的仪器设备仍破旧不堪而"无钱"购置！面对黑暗、腐朽的社会现实，高士其虽渴望战斗，却又感到前途渺茫，加上失望、饥饿和疾病纠缠着他，使他愤怒而又苦闷。

后来，好友李公朴先生向他伸出了援助之手，并经李先生介绍，高士其结识了一批共产党人，他同李公朴、艾思奇朝夕相处，结下了深厚的友谊。在他们的深刻影响下，高士其开始认识到"要活捉'小魔王'，一定要先打倒'大魔王'"，意思是要消灭生物界害人的病魔、病菌，就必须先消灭人类黑暗和腐朽的社会制度，消灭人类社会的"大魔王"。

从此，高士其拿起笔杆，高举"大众科学"的旗帜，开始从事于科学小品的创作，积极投入消灭"大魔王"和"小魔王"的广阔战场，为人民大众全力普及科学知识。他写出的第一篇科学小品是《细菌的衣食住行》。接着第二篇科学小品《我们的抗敌英雄》和第三篇《虎烈拉》也相继问世。以后他笔耕不辍，差不多每星期就写出一篇。这些科学小品文有如投枪和匕首，直刺"大、小魔王"的心脏。高士其写得越来越多，很快就成了一位多产高产的科普作家。但此时，高士其的病情却不断恶化，从半身瘫痪发展到全身，以至衣食住行全都不能自理。从1935年开始，他以一般健康人难以想象的毅力写下了大量的、脍炙人口的科学普及作品。比如：他的科学小品集《我们的抗敌英雄》《细菌大菜馆》《细菌与人》等等，仅从1949年到1965年，高士其就创作了约60多万字的科普小品和论文，创作诗歌2000多行，著述的新书10余本。

解放后，高士其担任了文化部科学普及局顾问等多种职务，赢得了党和人民的高度信任。在秘书高仰之同志的协助下，他以饱满的创作热情完成了大量的科学小品、科学诗等科普读物的创作。他的著名童话诗《我们的土壤妈妈》还被评为1954年全国儿童文学作品一等奖并由宋庆龄代表评奖委员会亲自为他颁奖。

他不仅向党中央提出了关于加强科普工作的建议，又将辛勤汗水凝成的结晶：《让科学技术为祖国贡献才华》《你们知道我是谁》《高士其科普创作选集》等新作奉献给党和人民。

高士其，这位轮椅上的科普作家以他顽强的一生谱写了一首高亢的生命赞歌。

中国著名的医学家

黄家驷是我国著名医学家。1930 年毕业于燕京大学，获理学学士学位。1933 年获医学博士学位。1941 年赴美留学，获外科专家称号。1945 年回国，解放后一直担任医学界领导工作。

13 岁时，黄家驷逃出了禁锢人们思想的私塾，求索一条独立治学的道路。他进入协和医学院预科，立志发奋要努力读书，为国成才。

一天，曾留学美国的物理老师给同学们拿出了考物理博士的 30 道初试题。许多人想，我们刚上预科三年级，去碰考博士的试题，真是癞蛤蟆想吃天鹅肉——异想天开。可是，这 30 道题在黄家驷的脑子里却像被粘住的一样，怎么也无法赶开。每天功课一做完，这些题都涌进他的脑子，在两个月内，他竟攻下了 27 道题，物理老师惊叹道："你学医太可惜了，要去攻物理，准有名堂。"

在黄家驷心目中，却有着一个坚定的志向。学医救国，对这个年轻人来说，成了一种追求，一种动力，一种目的。

他顺利地升入协和医学院本科，真是如鱼得水，他如饥似渴地学习钻研。可是古板的家庭非催他成婚不可。他迫于压力，只得勉强从命。幸好女方也是一位勤奋的医科学生。他们小两口订下了妙计：为了全力以赴攻读医学，他们分居两处，来个结婚而不成家。他们暗暗地在进行着读书竞赛。

结婚仪式后，这一对新人在北京，却依然居住在单身宿舍里，他们各上各的大学，除偶尔打个电话，到公园散散步外，极少见面。直到毕业时，很多同学还不晓得黄家驷已有妻室哩！

外科硕士拜访"马路天使"

抗日战争结束后，内战的阴影又笼罩着祖国大地。物价飞涨，货币贬值，人人愁米愁盐。上海马路上到处有换"大头"的人，他们用一只手咣当咣当地甩着大洋，招揽顾主。医学教授黄家驷的生活也很困难。他每月的薪水只能领到一些纸币，为了保住它的使用价值，黄家驷不得不去把钞票换成银元。这位一天即使有48小时也觉得不够用的医学家，竟然要放下手术刀，到马路上去拜访这些咣当咣当的"马路天使"。

抗日战争一结束，黄家驷就在美国购置了一整套胸外科手术器械，带着外科硕士证书和外科专家证书，赶回祖国来。然而祖国却是这样一副烂摊子，他不得不常常撇下工作去与"马路天使"打交道，他既痛苦又害羞，而且也根本不懂这种买卖中的门槛。无奈，只好每次邀上几个教授、讲师，一起走向这咣当之声。

有些人看到黄家驷如此为生活奔波，就劝他离开医学院，自己开业。那时，开业与发财同义，更何况是黄家驷这样的名医。黄家驷满不在乎地笑了笑说："开业？不，我的一切是为了开展中国的胸外科事业。为了赚钱而放弃事业，无论如何不行！"

跳蚤的"户籍警"

跳蚤也有"户籍警"，你一定觉得很新鲜、很荒唐吧？其实，跳蚤和人类一样，它们也有自己的"户籍警"，那就是那些研究跳蚤的专家、学者们。这里要讲的跳蚤的"户籍警"则是我国著名的女蚤类学家、贵州省昆虫学会副理事长兼秘书长、贵阳医学院副院长李贵真教授。

跳蚤，这个小小的昆虫，人们对它既熟悉又不熟悉。当人们被它咬得浑身发痒又奈何不得时，似乎对它很熟悉；但跳蚤的形态到底是什么样的，它的习性、生态、生活的历史以及有哪些分类等等，人们又很少知道，甚至很不熟悉了。

旧中国黑暗、贫穷、落后，老百姓衣食无着、民不聊生，若赶上鼠疫瘟病流行，就更是尸横遍野、万户萧疏！

人称黑死病的鼠疫，从来就是人类的大敌。它曾横行欧洲七八百年。伦敦一次鼠疫，就使城市居民死去一半；1914年，仅我国辽宁省一带，就因鼠疫夺去了50多万人的宝贵生命！

而传播鼠疫的罪魁祸首就是这小小的跳蚤！除了鼠疫外，跳蚤还传播地方性斑疹伤寒、吐拉伦斯菌和绦虫病。

正因为跳蚤喜欢吸鼠血和人血，所以就成了传播鼠疫的媒体，没有跳蚤，鼠疫就无从横行！

也正因为如此，李贵真，这位山东乡下姑娘，在她26岁从山东齐鲁大学生物系毕业后的第二年，就和爱人双双远离故土，奔赴贵州，在贵阳医学院生物科任教，并把终生的研究目标对准了跳蚤，她要揭开蚤类学的奥秘，为消灭鼠疫、为人类健康贡献毕生的力量！

从1938年也就是李贵真26岁起，她花费了一生43年的时间没日没夜地研究这个善蹦善跳又不易"捉拿"的小小跳蚤。为捕捉这些寄生在人体、动物体上的跳蚤，李贵真常常以惊人的胆量和毅力翻山越岭，深入到云南、贵州的深山老林中去，从那些刚刚被猎枪打死、尸体尚未冷却的野兽身上梳取、捕捉跳蚤。因为跳蚤有一个非常有趣的习性，只要动物尸体一冷却，它们就会纷纷逃散，那时再去捕捉，可就连跳蚤影子也见不着啦！李贵真因此想出许多科学的捕捉方法：或把动物尸体放在白布上，再轻轻拨弄和寻找躲藏在动物毛发间的跳蚤，一经骚动，跳蚤便跳在白布上，目标就暴露无遗；再立即用蘸了酒精或柯罗仿的药棉把它按住，跳蚤被麻醉后就会老老实实地"俯首就擒"，一个不落地被李贵真装在事先准备好的玻璃或白布袋里；或者把猎人捕获的野兽关进铁笼里，再把装有野兽的铁笼放在大水盆里，李贵真则静静地守候在水盆旁，直到把一只只掉入水盆里的跳蚤一网打尽；或者索性把抓住的野兽整个放进麻袋，再放进酒精、乙醚、柯罗仿之类的麻醉剂浸泡过的药棉，再从被麻醉的野兽身上慢慢梳尽同样麻醉了的小跳蚤；李贵真在长期捕捉、研究跳蚤的实践中，还自制了"黏蚤纸"，把它放在野兽出入的洞口附近，别说，还真灵，真能粘住不少跳蚤！……这些方法真是又科学又绝妙，甚至被"捉拿"到的跳蚤身上的每一根毫毛都完好无损！每当李贵真从深山老林中归来，看到这些"秋毫无犯"的"战利品"，哪怕是再苦再累，也早把它们忘到九霄云外了，剩下的就只是其乐无穷了！

要说当跳蚤的"户籍警"，现在才是一个真正的开始哩！

在一般人眼里，跳蚤和跳蚤并没什么区别，可实际上跳蚤专家们已把它们分成2000多个种类哩！

可当时，李贵真从事跳蚤研究时，中国的蚤类学还几乎是一片空白！这位乡下长大的农村姑娘要用所学的知识、所经历的实践、所从事的研究来填补这片空白，来建立我们中国自己的蚤类学！

要为跳蚤立"户籍"，必须先制作跳蚤标本。这可是一件非常细致而又十分复杂的工作，它需要"户籍警"付出十分艰辛的劳动与汗水。

经过 70％浓度的酒精保存和浸泡；用蒸馏水冲洗；放入 10％的氢氧化钾溶液中销蚀跳蚤的组织，只留下角质部分，再经过 1—3 天，使跳蚤变得透明；用蒸馏水冲洗两次；放入醋酸溶液浸泡1—2 小时；依次放入 30％—70％的酒精中，各约半小时—1 小时；加入 5％的甘油，一两天后，标本可完全透明，以供鉴定和"立户"使用；如标本需长期保存，还将经过脱水、透明、制片等繁多手续，最后用加拿大树胶封存，夹在两片玻璃之间，并使跳蚤腿朝上。"立户"时，要在玻璃片左侧标签上写明宿主的学名、采集地点、日期、采集者姓名；在右侧标签上写明跳蚤的学名、性别。

看来，要当好跳蚤的"户籍警"还真不是一件容易的事呢，而李贵真教授则称得上是名副其实的跳蚤"户籍警"。在对标本鉴定的过程中，她不仅十分熟悉她的跳蚤"居民们"的门类、特点、习性，还能十分准确地画出显微镜下跳蚤的眼、触角、气孔、臀板、爪、腿骨、锤骨、小颚，甚至触须和梳齿。一张跳蚤形态图，常常要花费李贵真几个星期甚至几个月时间。可她从不觉单调枯燥，永不知疲倦劳累，而是把整个身心扑在了研究蚤类的事业上，用所发现的一个又一个新的跳蚤，为中国蚤类学填补了一个又一个空白。她的《跳蚤》一书，是我国第一本有关跳蚤的专著；她的一本《蚤类概论》则被认为是"我国蚤类研究工作的一种初步总结，是我国昆虫学、医学昆虫学、蚤传性疾病流行病学、医学界和卫生学界不可少的一种参考书"。这本书出版后引起了国际生物学界的注意，并被认为是"关于中国蚤类学的权威性著作"她还为《中国大百科全书》完成了《跳蚤》条目。

李贵真，这位跳蚤的"户籍警"就是以她 43 年如一日的"专于一、精于一"的精神，在平凡的科学研究工作中为我国蚤类学做出了不平凡的贡献。

大器早成的"悬索桥李"

提起桥，人们会马上联想到如同天上彩虹般的拱形的建筑物，还会如数家珍地说出闻名世界的赵州桥、揭开抗日战争序幕的卢沟桥、飞越天堑的武汉和南京长江大桥，还有无以数计的石拱桥、钢架桥、悬索桥、斜张桥以及单孔多孔桥、公路铁路桥、多用立交桥……，可是你们知道那些跋山涉水、不畏艰险或默默无闻、呕心沥血的桥梁的建造者、设计者和研究者吗？

茅以升？

对。他是我国桥梁建筑学界的老前辈、享誉中外的桥梁建筑学家。

金成棣？

也对。他是上海城市建设学院的院长，也是我国颇有名气的桥梁专家。

还有呢？

李国豪，听说过吗？没有？告诉你，他就是早在 1940 年首次提出了悬索桥的变位理论实用计算方法的年轻留学生，后来成为我国著名桥梁力学专家的李国豪教授。他的那篇在德国达姆施塔特工业大学博士论文答辩会上通过的论文曾极大地轰动了当时的德国桥梁工程界，那些洋人科学家十分赞赏他的理论的新颖与科学，更为这位中国人的刻苦钻研、大胆求索的精神所折服！他们都亲切地称呼他"悬索桥李"！

李国豪，广东省梅县人，小时候家里十分贫穷。迫于生计，父亲只好背井离乡，一个人闯荡南洋（东南亚一带）当华仔，做些小生意以满足温饱。

在贫困中生活的小国豪十分理解家境的艰辛，他聪明好学，5 岁时就上了小学，一直在乡村私塾里度过了他的小学时代。他常常忍饥挨饿地发愤苦读，一边是肚子"咕咕"的叫声，一边是小国豪和同学们琅琅的读书声，这些声音伴随着，掺杂着，听了叫人心酸，令人感动。

小国豪考取了梅县县立中学，成了班里最小却最用功的学生，他敏学善思，肯于动脑，学习中总要追根刨底地问"为什么？"常常能提出些独到的见解。老师和同学们都非常喜欢和赏识这个衣衫褴褛却勤奋苦读的学生。

　　高中尚未读完，父亲就从南洋来信，信中倾吐着生活的凄苦和对家乡亲人们的思念，希望儿子国豪能去南洋，另一方面可给自己当个帮手，另一方面还可学医糊口。李国豪深深懂得父亲的艰难和苦衷，但又非常渴望继续学习和深造。他的刻苦好学的精神终于感动了父亲并得到了老人的谅解，同意他去上海同济大学学医，两年后再去南洋从医谋生。

　　就这样，16岁的李国豪，以其奋发苦读得来的优异成绩，跨越了100多名竞争的对手，考入了同济大学。

　　上大学后，李国豪更加勤奋苦读，自强不息。星期天别人不是回家就是上街，可李国豪对这些似乎全无兴趣，只知全身心地驰骋、遨游在知识的广博天地和海洋里！

　　经过两年预科学习，李国豪对数学和力学的兴趣越来越浓厚。为此，他经常"泡"在图书馆里苦读和钻研，并像钟表那样准确、守时，日久天长，学校图书馆左角的一个座位竟成了他的"专座"！由于酷爱数学与力学，李国豪终于下定决心弃医学工，进入了他梦想的土木工程系学习深造，并渴望有朝一日能亲自站在讲台上，讲授我们中国自己的桥梁学！

　　在五年的大学生活中，李国豪曾几度因家境贫困而面临中途辍学的困境，是同学们的帮助让他渡过了难关，同时也靠他自己发奋苦读赢得的优异成绩获得了免费读书的资格。

　　1936年当他大学毕业时，13门课程的平均成绩竟达97分之高！五年苦读的辛勤汗水，浇灌了丰硕的学业之果，并为他日后在桥梁力学领域中的建树和成就奠定了厚实的基础，也使他成了国际上享誉颇高的"悬索桥李"。

世界断手再植奠基人

手，在人类生活和生产实践中的重要作用是不言而喻的，不能想象，人要是没有手，将会是怎样的困难和痛苦。

你看，在中国的象形汉字中竟有那么多的字、词、成语与手密切相关哩！什么科技能手、生产能手、新长征突击手、神枪手、多面手、水手……；心灵手巧、出手不凡、手足情深、手舞足蹈、爱不释手、妙手回春……；还有那些以提手作偏旁的字与词则更是不胜枚举。人类须臾不能离开手，由此可见一斑！

那些能够用自己智慧和灵巧双手使成千上万只断离了的手断而再植的人是何等的无私、何等的令人钦佩！

上海市第六人民医院外科断手再植专家陈中伟就是这样一位无私而又令人钦佩的人。

1963年1月2日清晨，上海机床钢模厂的青年工人王存柏操作不慎，右手腕关节以上一寸处被冲床切断。40分钟后，王存柏同他血肉模糊的断手，被迅速送进了上海第六人民医院六楼手术室。当时的外科主治医师陈中伟为他做断手再植手术。

这种断手再植手术对陈中伟医师来说毕竟还是头一次。记得1958年那次虽然为上海重型机床铸工车间的一位工人接活过一只断手，但那只手终究没有完全断离啊！这次王存柏的右手则被完全切断了！其难度是可想而知的。

但是，为了千千万万工人兄弟的热切期望与嘱托，陈中伟，这位新中国培养起来的外科医生决心救活这只断手，他不能不管，他无法推卸医生的神圣职责！他的让"断腕重生"的想法很快得到了党组织的热情支持与肯定。

上午九点半钟，抢救开始了。手术室里肃穆而又紧张，除了手术器械的清脆的碰撞声和医护人员简短的对话外，寂静得连针掉在地上的声音都能听见。

断手再植，是非常精细而又复杂的一种手术。因为，手与手臂之间不仅有 20 多条肌肉和肌腱相连，还有许许多多根动脉、静脉、骨骼、淋巴管以及神经紧紧相接。尤其是手腕处的血管异常纤细，要把它们一一对应接活，实在要比绣花还要精细、还要难上百倍！

36 岁的外科副主任钱允庆精于血管吻合术，这时，他紧密地配合陈中伟，两人十分默契地、紧张地工作着。

时间一分一秒地走着。

一条条的肌肉、肌腱对准缝合上了。

一条条纤如细丝的神经吻合了。

一根根动脉、静脉，一根根骨骼、淋巴，还有那薄如蝉翼的神经鞘膜乃至表皮……都在陈中伟和钱允庆灵巧的双手的精细、熟练而又准确的动作中一一接上了！

下午五点，近 8 个小时的紧张的断手再植手术才告结束，这次手术的完成在世界医学史上将具有里程碑的意义。

断离的手，总算重新接上了，但接上去的手能否成活，对陈中伟则仍然是一个严峻的考验。

在此后的几个月中，陈中伟与他的同事们都热切地关注着这只不平凡的手，密切地注视着这只手的每一点变化，以至使这只失而复得的手几次在濒临险境中转危为安。

手的神经，以每天 1—1.5 毫米的速度，正在向指尖生长！

手已经能辨别冷热了！

手指已能弯曲了！

手掌已能出汗了！

手已经能提起重物，并逐渐增加到 4 千克！

手能写字了！

手能编结毛衣了！

……断手终于接活了！

喜讯传遍了医院的每一个角落，陈中伟和他的同事们创造了"断腕重生"的奇迹！

因为"断腕重生"的奇迹，敬爱的周恩来总理亲切地接见了陈中伟、钱允庆等奇迹的创造者，并叮嘱和鼓励他们"要再接再厉"。

陈中伟从此将周总理"要再接再厉"的叮嘱牢牢地铭刻在心上。为了周总理的嘱托，陈中伟和他的同事们接连不断地创造了新的奇迹：断指再植、断臂再植、拇指再造……不断开拓了新的外科手术的领域，比如：开设了显微外科，在显微镜下将视野中的目的物放大 10－20 倍，再进行精细的、准确的外科手术。为了周总理的嘱托，陈中伟和他的同事们还公而忘私、毫不保留地将断手再植的外科技术传授给别人，不仅培养了一批又一批中国医生，还培训了一批又一批的外国医生，使这朵医学的奇葩开遍全国，香飘海外。

在不断创造奇迹的医学实践中，陈中伟呕心沥血、勤学苦练，练就了一颗狮子般的雄心、苍鹰般的锐眼和女人般的巧手——作为一名高超的外科医生所必须具备的条件！

陈中伟牢记周总理的嘱托，不断创新，于 1977 年又成功地进行了"带血管的游离腓骨移植"，把断肢再植技术推进到一个崭新的阶段；还使断手、断指的再植成功率由原来的 50％提高到 90％；并首先进行了患者自体肌肉移植的手术，以代偿手缺损的功能……

新中国培养了陈中伟，陈中伟为新中国赢得了荣誉，受到了各国人民的欢迎和尊敬。国际医学界称赞陈中伟的本领高超，称他为"世界断手再植奠基人"，并将他列为世界显微外科的 24 个创始人之一，被肯尼亚人民敬为"神医"！

为了周总理的嘱托，陈中伟和他的同事们仍在不断攀登新的医学高峰，不断创造新的医学奇迹。

中国著名的物理化学家

卢嘉锡是我国著名的物理化学家，曾担任中国科学院院长。

卢嘉锡在谈到自己的成功经验时曾说过："我的成功是父亲逼出来的，老师教出来的，自己拼出来的。"这些话说得很有些道理。

卢嘉锡是福建厦门人，家里世代书香。可小嘉锡在海边长大，从小生性贪玩、淘气，且到了5岁才会讲话，似乎与诗书没有缘分。

老父亲则望子成龙，对小嘉锡进行了严格的管教。不准他到处乱跑，到处游玩，逼他去私塾上学念书，放学后，更强制规定他背诵"三字经""百家姓""四书""五经"，稍有偷懒或背诵错误，就要挨父亲的严厉训斥或遭戒尺的责罚。训斥之后，父亲总要苦口婆心地教导他："无论做什么事情，都要认真。要么不做，要么就做好！"

父亲的忠告给了卢嘉锡一个强烈的心灵震动，使他虽有贪玩之心，却不敢有丝毫的放松与怠惰。他觉得父亲虽然方法粗暴了些，但用心良苦，讲得很有道理。从此，他无论吟诗、作对，还是背诵古书、古文都十分刻苦发奋，终于为日后成为大科学家打下了坚实的汉语基础。

人们常说，严师出高徒。除了父亲的严厉的、强制的启蒙教育外，良师的正确引导与教诲，也是卢嘉锡走向成功的重要因素之一。

有一次，数学考试，卢嘉锡将一个本不该错的小数点点错了，老师因此扣掉了本道题的一多半分。卢嘉锡很不服气地找老师理论，老师非但没有生气，反而耐心地教育他："别看不起一个不起眼的小数点，如果设计师或工程师一时疏忽点错了它，就会使造起的房屋倒塌，架起的桥梁倾覆。"老师的话给了他警醒和启发，使他终生铭记在心。

在大学期间，恩师张资珙教授的一段教诲隽永而富哲理，使卢嘉锡受益终生，永铭不忘。

恩师说："科学家的元素组成，应当是 C_3H_3，这里的 C 和 H 指的不是化学元素碳和氢，C_3H_3 也不是一种碳氢化合物。这个 C_3H_3 指的是：Clear Head（清醒的头脑）＋Clever Hands（伶俐的双手）＋Clean Habit（洁净的习惯）……"

老师的指点和教导，促使卢嘉锡在日后奋斗中有意识地锻炼和培养自己，朝着科学家应具备的 C_3H_3 素质和品德努力，终于在成功的道路上又迈进了一大步。

卢嘉锡并非神童，别的孩子 3 岁就会讲话，可他到了 5 岁才会讲话。然而，他只念了一年小学，中学也读的时间不长，15 岁时竟能升入厦门大学理学院，主修数学，兼修化学，而且两门学科的成绩均达到优秀，被誉为并非神童的"神童"，而日后又成了我国著名的物理家、化学家。这其中的奥秘，除了父亲的逼、老师的教之外，最关键的还在于他自己的勤学苦读，努力拼搏！

因为，无论是父亲的逼，还是老师的教，都毕竟只是外部的动力，是外因。假如没有他自身的坚韧不拔，长期拼搏，不去调动他内在的积极因素和动力，那么，外因也只能是孤立的外因，卢嘉锡也不会有日后的成功。

只以英语为例，卢嘉锡跳跃式的学习，15 岁时即成了少年大学生，一时间，英语被同学们落下一大截。可他毫不气馁，不甘落后。为了补上这一课，不仅在学校里认真地听、刻苦地学，回到家里，就主动请教哥哥，以哥哥为老师，练口语，练听力，练笔译，到了如痴如醉的程度。果然功夫不负有心人，经过勤学苦练，他终于突破了这道难关，取得了优异的英语成绩。

从小学到中学，从大学到日后科学研究的工作实践中，他不仅得力于父亲的启蒙、老师的教导，更得力于自己长期的不间断的努力拼搏。

内因与外因，外因是走向成功之路的外部动力，内因才是成功的关键，才是成功的决定因素。

成功之路就在脚下，少年朋友们，奋力拼搏吧！

中国著名的机械制造学专家

一个布店的小学徒，还能有什么志向呢！长大了还不是站柜台卖布！充其量当个布店小老板，就很有出息了，还想怎么样呢！

但是，你读了下面的故事，也许就不会这样想了⋯⋯

这位小学徒名叫沈鸿，是浙江省宁海县人。因为家里穷得揭不开锅，13岁那年，总共只读了四年小学的沈鸿被逼无奈，只好通过亲戚的介绍来到上海一家布店里当小学徒，一干就是12年。

为了尽快地学到卖布技术，这个聪明勤快的孩子，每天天刚亮就起床，不等布店开门，搞卫生、倒痰盂、擦煤气灯，一应杂活早已干完，布店被他打扫整理得井井有条、干干净净。店主人非常喜欢他，常常教他一些料理店务和卖布的知识和技术，还指点他一些招呼顾客的学问。他人也机灵，对这些技术和知识一学便会。

打烊了，劳累了一天的沈鸿回到住屋，似乎全然忘掉了白天的喧闹与辛苦，坐在灯下又如痴如醉地读起书来。一本《世界十大成功人传》虽然只有薄薄的54页，可沈鸿却爱不释手地反复读了很多遍，因为书里所记叙的是爱迪生、瓦特、法拉第等世界著名科学家、发明家勤学苦练、自学成才的故事。他们为人类造福的志向、坚持不懈的毅力、自强不息的精神，时时震撼和拨动着沈鸿的心弦！他立志向这些人物学习，走自立自强、自学成才的道路。他想：爱迪生只读了几个月书，却成了举世闻名的大发明家，我读了4年书，为什么不能学习技术呢？法拉第是印刷所的学徒却成了电磁学专家，我这个布店小学徒难道就不能发愤图强，成为一名工程师或专家吗？对，像他们一样，勤奋刻苦，自学成才！

小学徒，要当工程师。为了这个志向和目标，沈鸿一步一个脚印地读起书来。他先从数学、物理、化学等基础知识学好，一点一点地把它们学会、弄懂；有些书太贵，买不起，就利用业余或公休时间去图书馆借书读。一本《世界科学大纲》，沈鸿硬是前后跑了半年时间的图书馆，凭着他锲而不舍的毅力和精神，终于读完了它。然后，他又补习了英语，自学了《机械学》《热机学》等专业著作，这比起数理化等基础知识要难懂得多，但他就来个"蚂蚁啃骨头"，一点一点地攻克难关，终于掌握了这些专业理论知识。

一晃，60多年过去了，当年布店里的小学徒，终于自学成才，实现了自己当工程师、当专家的志向。

如今，沈鸿已成为我国著名的机械制造专家，不仅是12 000吨大型水压机的总设计师，而且参加和领导了我国机械工业战线上的许多次会战。我国的一座座大型水电站，一座座车轮轮箍厂，以及有关研制原子弹、氢弹和导弹材料的大型设备，都凝聚着他的心血。有趣的是，77岁时已是古稀之年的沈鸿，又将《世界十大成功人传》这本曾启蒙和引导他走上成功之路的书从头至尾认真读了一遍，并感慨万分地说："这本书对于我的立业，起了启蒙作用，我一生都得益于它"。

知识就是力量，成功在于勤奋，自学亦能成才，读了沈鸿的故事，你是否也得到了以上这样三点启示呢？

中国著名眼科专家

　　"东方一只眼"，是我国眼科医学界对著名的眼科医学专家、上海市第一人民医院眼科主治医师、眼科研究室主任赵东生的称赞和美誉！因为，他在手术治疗眼科中最困难、最复杂的视网膜脱落方面取得了巨大的成功！

　　谈起赵东生立志当眼科医生，这倒要追溯他中学时代一件偶然遇到的事。

　　小时候，赵东生非常用功，学习成绩在班里遥遥领先，当他以优异的成绩考入南通中学后，就更加刻苦、勤奋了。有一天，在去上学的路上，他偶然看见一位盲人在沿街要饭，盲人伸着他那黝黑肮脏又枯瘦如柴的手向前摸索着、乞讨着，并用他已经沙哑的声音向人们诉说着他凄惨而又悲哀的经历……

　　原来，这盲人本是一名教师，因为得了眼病，四方求医，却无人能治。家里也因他的眼病，负债累累，一贫如洗。最后仍然落入了黑暗，失去了光明，成了终身残废的盲人。再也不能回到他心爱的三尺讲台，再也不能同常人一样享受光明与快乐……

　　盲人悲惨的叙述，盲目呆滞的神情，艰辛蹒跚的步履，……给青少年时代的赵东生留下深刻的、难以挥去的印象。他立下终身的志愿：一定要学医，将来做一个医术高明的眼科医生，救治千千万万如盲人乞丐那样痛苦的病人，使他们不再悲凉不再黑暗，永远拥有光明与欢乐！这以后，赵东生又多次碰见了这个盲人，也就越发坚定了他学医的志向。

　　赵东生终于从医科大学毕业了，实现了自己当眼科医生的愿望。

　　1936年秋，为了进一步深造，学到更精湛的眼科医术，青年赵东生踌躇满志地登上了去往德国的飞机，决心去异国他乡求学。

当时，中国还很贫穷、落后，在国际上没有地位，中国人也因此受到洋人的歧视。赵东生初到德国，自然被那里的德国人看不起，尤其是在德国当医生必须要经过考试，取得博士学位才能得到承认。那些教授或医生看赵东生是中国人，便不理不睬。这一切，更激发了赵东生的民族自尊感和责任心。他把"艰苦奋斗一条路"几个字写成条幅，挂在墙上，勉励自己发愤学习、刻苦钻研。他要让那些洋人看看，中国人不是孬种，一定要学出个样子来为国家争光、为民族争光！

赵东生把别人用来休息、娱乐的时间，一古脑儿地用在了学习上。终于，功夫不负有心人，赵东生获得了德国茵士布鲁克大学博士学位，他所研究和主攻方向，恰恰是他年轻时，上学路上遇见的那位盲人教师所患的眼病——视网膜脱落症。

赵东生用自己的手术刀，为德国病人做了视网膜复位手术，获得了极大的成功，不仅改变了德国人对中国人的偏见，而且赢得了洋人的赞誉，为国争了光。

赵东生学成回国了！他立志报效生他养他的祖国，用祖国和人民交给他的手术刀为人民治病，为人类带来光明！

由于他不断学习、探索，在眼科医学研究领域取得了重大成就与突破。他所在的上海第一人民医院眼科的视网膜脱落手术总治愈率稳定在 90%，超过了国际上现有的先进水平，被誉为："东方一只眼"！这是赵东生的荣誉，也是中国和中国人民的荣誉！

中国著名的蝴蝶专家

在地杰人灵、山青水秀的苏南松江，每当"青梅如豆柳如眉"的季节，人们常会见到一位眉目清秀的少年，他时而奔走在山岭田野上；时而追逐于丛林花草间；时而口中喃喃，神情痴迷；时而又如获至宝，笑逐颜开。似乎在那里有他诉不尽衷肠的朋友，有他道不完欢乐的情趣！——他，就是日后成了我国著名的蝴蝶专家，研究蝴蝶着了迷的李传隆教授！

李传隆从少年时代起就喜爱、迷恋着那些美丽无比的蝴蝶，以至中学毕业后违背了家里让他继承父业去管理工厂的意愿，执意报考了南通农学院农艺系，一心研究起他心爱的蝴蝶来。

旧中国人们对蝴蝶的研究还很少，中国蝶类学还几乎是一片空白。年轻的李传隆立志要在这个学科领域中研究出些名堂来，为我国的蝶类学补上这片空白。

从1935年开始，李传隆花费了40多年的功夫，走了几万公里的路程，采集了全国各地的蝴蝶标本。

采集蝴蝶标本是一项十分艰辛而细致的工作。根据我国蝶类分布的地区和种类的不同，他走南闯北，常年过着野外生活，遇到无数常人无法想象和难以克服的困难。

有一年，为了采集大西北珍奇蝴蝶，李传隆从陕西西安出发，顺着《西游记》里唐僧西行取经的路线前进。1945年，我国的铁路交通还很不发达，从西安向西不远便没有铁路了，而兰州往西连公路都少有了。一心惦记捕蝶的李传隆哪顾得上这些，有车他便乘车，无车就靠步行，有时走远搭上商人的马队，可搭不了多远又不得不离开马队，为的是寻找和采集他那采不完、爱不够的蝴蝶。

要穿越戈壁沙漠了。六月里，骄阳似火，穿越戈壁滩，如同翻越火焰山，烤得人口干舌燥，头昏眼花，浑身无力。可刹那间天气说变就变，狂风骤起，飞沙走石，天昏地暗，险些要把人埋进沙丘里。就这样，李传隆常常冒着迷路与丧失生命的危险，到处追逐着蝶影，到处寻找着新蝶。每当采集到罕见的蝴蝶标本或寻找到珍奇的新蝶，他都欣喜若狂，激动不已，接着又以更大的工作热情投入到新的战斗中去。就这样，李传隆历尽了千难万险，终于完成了他大西北的万里之行！

　　在40多年的岁月里，李传隆自己也记不清他到底遇到过多少困难。反正，不论是闽江的急流险滩，还是戈壁的飞沙走石；不论是武夷山的蚂蟥，还是五指山的密林；不论是悬崖峭壁，还是泥泞草地……都不能吞没他、阻挡他、难倒他！他点起篝火吓退野兽，追扑野兔烤熟充饥；他学会了自己打草鞋、缝制背心；他用特制的蝶网铜杆当拐杖、打野果、斗狼蛇……他凭着自己的智慧和勇敢，凭着对蝶类研究的热爱与执著，凭着一定要建立中国的蝶类学为祖国科学事业奉献一生的信念与意志，战胜一切困难，成功地走了过来。祖国的山山水水，无论从南到北、从东到西，无不留下"蝴蝶迷"李传隆坚实的足迹；祖国的蝶类学领域里，无不成功地记载着"蝴蝶迷"李传隆的成就与贡献。他发表了科学论文20余篇，发现并提出了3个蝴蝶新属，15个新种和15个新亚种，纠正了不少外国学者论断的偏差和失误，写出了我国第一本系统、完整的蝴蝶专著——《蝴蝶》，受到国内外专家学者的关注与重视。

　　伟哉，蝴蝶专家李传隆，
　　壮哉，蝴蝶专家李传隆。

发现活化石的人

你知道是谁发现了冰川时期幸存下来的水杉活化石吗？他就是我国著名的植物学家——郑万钧。

树木与人类有着不解之缘，无法想象，地球上没有了森林树木，世界与人类将会是一幅什么景象！

那么，地球上到底有哪些主要树木？我们中国有多少树种？它们的名称叫什么？都生长分布在哪里？……为弄清这些问题，郑万钧常年风餐露宿，深入到深山密林里调查研究，采集树种标本。从塞北的大小兴安岭，到南疆的五指山区；从东海之滨的天目山岭，到大西南的大渡河流域……祖国的山山水水，几乎印满了这位探索林木奥秘的植物学家的足迹。

为了寻找和采集树种标本，他无暇观赏奇山异川的自然风光，每到一个地方，他既不走亲访友，也不闲逛街景，唯一能吸引和打动他的，就是那里的千姿百态的树木和各不相同的树种。有一次，他来到浙江普陀山，那里山色幽美，风光秀丽，他只一走而过，而那里有一种树，却像磁铁一样把他吸引住了：兴趣盎然地又是仔细观察，又是采集树样，对这种树的生长环境、地势、土壤等生态因子做了详尽的记录。经过认真研究和鉴定，确认这是我国特有的一个新树种，后来被正式命名为"普陀鹅耳枥"。

在郑万钧的办公室里，除了各类图书资料，就是他心爱的树种标本。走进他的办公室，总会看见他戴着老花镜，拿着放大镜，对着那些树枝、树种或树块细心地观察，认真地辨认，不放过每一个细小的特征。时而，又查对着有关资料，并结合他实地考察的丰富经验，进行鉴定。然后，认真地写出有关这种树木的名称、采种育苗及造林技术等等详尽情况的研究报告。

早在 1944 年，有人在湖北利凡县谋道溪采集到一株大树的标本，托请郑万钧鉴定。为了做出准确的科学的鉴定，郑万钧查阅了国内外大量有关的文献资料，发现这是一个新树种。1948 年，他又亲自徒步 200 多公里，翻山越岭，深入到终年云漫雾罩的齐岳山，到大树的产地——水杉坝作进一步的实地考察。结果，证实这株高 35 米、粗 24 米的参天古树，确实是冰川时期幸存下来的水杉活化石！水杉活化石新树种的发现，立即引起了世界性的震动。各国的植物与古植物学家们对此非常重视，并一致认为这一发现是近一个世纪来植物界对人类的最大科学贡献之一。

郑万钧的一生是平凡的，但他为科学事业的献身精神，他严谨的科学态度和严肃认真、一丝不苟的工作作风却永远是值得后人学习的。他一生发现定名了 100 多个新种和 3 个新属，发表了科学论文 60 余篇，编写了 500 万字的科学著作，成为研究古植物学的宝贵财富。他主编的《中国主要树种造成技术》一书受到了林业科技人员的欢迎，并广泛交流到世界 11 个国家和国际组织，被称赞是"中国林业科学技术的结晶"。

植物学家郑万钧的生命之树将永远扎根于中国的沃土上，常青不衰！

中国著名的声学科学家

细菌学家巴斯德曾说过这样一句名言:"机遇只偏爱那种有准备的头脑。"

我国著名的声学科学家向大威正是那种被"机遇"所"偏爱"的具有"有准备的头脑"的中年科学家。

向大威生长在上海黄浦江畔,从小就喜欢读书,只要一本书在手,就会忘了周围的一切,是一个十足的"小书迷"。尤其是科学家成才的故事,像现代化学家之父道尔顿呀,为人类带来光明的美国著名发明家爱迪生呀,电磁感应的发现者法拉第呀;还有富尔顿造轮船、富兰克林研究雷电等等。五光十色的科学世界,耐人寻味、令人钦佩的科学家们的成才之路,都如同磁铁那样深深吸引着这个未来的科学家。

向大威不仅读书痴迷,而且非常喜爱做各种科学实验。上中学后,有一次过生日,爸爸送给他一盒礼物——一个装有许多试管和各种各样化学药品的盒子,向大威高兴得简直要跳起来:这下子又可以做各种奇妙无比的化学实验了!真的,只要是科学实验,他就喜欢做!初中时,他试着自己装矿石收音机;读高中时,他又变着法儿装了一台再生式收音机,收音机清晰悦耳的声音、神奇莫测的电波,把他带入了美妙遐想的天地;从同学的父亲那里,他还看到了氦、氩等惰性气体使霓虹灯显示出斑斓多彩、忽明忽灭的光芒,这使他兴趣盎然,惊奇不已。这些变幻莫测的科学实验开阔了他的视野,启迪了他的智慧,使他长上了幻想的翅膀,立志叩开科学殿堂的大门……

机遇似乎十分偏爱向大威,当他从南京大学毕业后,就被分配到中国科学院声学研究所工作。他所从事的是水声学的研究,不仅对我国国防建设有着十分重要的作用，而且在民用生产上也有着经济开发和实用价值。比如，被誉为水下千里眼的深河渔探仪，可用来探测深水区域的鱼群；超声波诊断仪，可以像透视眼那样通过电视屏幕来展示人体的肝、肾、脾、胰腺、膀胱等内脏器官的位置与动态；联合气枪，可以根据气枪发射后的回声声波，来清晰地显示四五千米地下的地质构造等等。这些重大的声学研究成果，都凝聚着向大威的一份心血和汗水，是他长期奋斗、努力拼搏的结晶。

向大威有他学习上的独到之处，他不仅善于读书，以书本为师，而且注重实践，以实践为师，虚心请教，拜能者为师。中学读书时，他从数学老师对计算尺爱护备至的言行中，学习到一丝不苟、认真细致的治学态度和工作作风；在大学深造时，他又时时从身边的同学身上学习到肯于钻研、勤于动手的学习精神和实践能力。刻苦钻研书本，勇于向实践学习，更是向大威终身不诲的老师和走向成功之路的两件至宝。向大威说得好：

"有好的老师还在于自己肯钻，头脑是思维的器官，不断思考，才有助于横广的联系和纵深的发掘。"

向大威的头脑就是这样一个勤于思维、善于思维的"有准备的头脑"。向大威的成功，则正是他孜孜以求、顽强拼搏的必然之果！

少年朋友们，让我们都拥有一颗"有准备的头脑"，在通向成功的科学之路上，充分发挥它的聪明和才智，为祖国的经济建设和科学事业贡献出自己的一份力量。

中国著名的女物理学家

每位科学家成功的背后，都充满着无数的艰辛与坎坷，都饱含着无尽的心血与汗水……

我国著名物理学家谢希德的成功之路则更为艰辛与坎坷。

谢希德出身于书香门第，父亲谢玉铭曾任燕京大学物理系教授。小希德正是伴着诗书在父亲书房里长大的。

6岁时，小希德随父亲北上，在北京读完了小学、初中和两年高中。当时东北已经沦丧，时局动荡不安，北京也受到严重的威胁，偌大的中国，已经放不下一张平静的书桌。在燕京大学教书的父亲只好带着女儿南下，在湖南念了高三。尽管四处漂泊，生活很不安定，但无论到哪里，谢希德都能以顽强的意志排除干扰，一如既往地埋头苦读。为了她多灾多难的祖国，她不能有丝毫的松懈与怠惰！她的优异的学习成绩，为她的心愿做了有力的明证。

正当她将步入大学殿堂的前夕，谢希德不幸患了骨关节结核病，病魔折断了她理想的翅膀，几乎宣判了她终生瘫痪！这个打击来得如此沉重，如此突然，使这个充满了理想、充满了梦幻、充满了生机的青春少女几乎无力承受！残酷的命运将她抛在寂寞无助的病榻上竟长达三年之久。

起初，她被这打击震蒙了，只知默默地流泪，默默地忍受病痛的折磨，她无力去抗争。时局进一步恶化，日本侵略者在大后方狂轰滥炸，血腥地屠杀着无辜的中国人民……，谢希德震惊了，她在病榻上辗转反侧，心里无法平静。作为一个倔强的女孩，她怎能甘心就这样浪费她的青春岁月？她要面对现实，与病魔、与命运抗争！于是，她振作起来，重新拿起了书本，她要用知识来武装自己，她要从书本中找回往日的快乐与自信，更要从书本中寻求一条救助自己、报效心爱祖国的途径。

从此，她俨然换了个人似的，开始了新的拼搏。她静下心来，阅读了大量书籍，包括大量的英文原版小说。她查辞典，翻资料，博览群书。在勤学苦读中，她重又充满了自信与欢乐，重又点燃了她理想的火焰，并为她病愈后继续苦读打下了良好的基础。

谢希德凭着坚强的意志和毅力，硬是从躺了三年的病榻上站了起来，重振理想的翅膀，开始了科学高峰的更艰难的攀登……

她考入了厦门大学物理系！

她获得了美国斯密士学院硕士学位！

她获得了美国麻省理工学院物理系博士学位！

她曾先后荣获美、英、日八所院校的名誉科学博士的称号。

她……

她终于战胜了病魔！从病榻上崛起，成了我国著名的女物理学家，成了广大青少年朋友心中崇敬的偶像！

从小病号到科学家

1978 年，在全国科学大会举办的展览会上，有一场十分精彩的"表演"吸引了来自全国各地的兴致勃勃的观众——什么表演这么好看、有趣？原来，两位"演员"各站一端，正在相隔一定距离的电话亭里用激光电话通过光纤通话哩！令人惊奇的是，在两个电话亭之间相联接的不是我们常见的电线，而竟然是弯弯曲曲、长达几百米长的光纤维！也就是说，电话亭里"演员"的声音信息不是通过电传导的，而是通过激光光束——即光纤维来传递的。这是一种十分先进的现代通信技术，即使在那些发达的西方国家也不多见哩！

可你知道这光纤通信的试验成功是谁完成的吗？告诉你，她就是上海光学精密机械研究所的高级工程师、我国著名的光纤通信女专家杨姮彩。

你大概没想到，这位大名鼎鼎的女科学家小时候竟是多病多灾的小病号吧？

杨姮彩是上海松江县人，她从小患有气喘病，一发起病来就躺在床上不敢动，身体虚弱极了。她非常羡慕别的孩子，可以天天背着书包高高兴兴地去上学，而她就只能待在家里，躺在床上，否则就气喘得更厉害了。小姮彩是一个非常要强，非常喜欢读书的孩子，所以，只要病情稍有稳定和好转，她就倚着床头，不是看书，就是练题，一做起算术题来就入迷，常常忘了吃饭，忘了自己是个小病号。

为了能早日同小伙伴一起上学，小姮彩顽强地同病魔作斗争，不能到郊外游戏，就坚持在室外玩耍，以锻炼自己的体质，提高自己抗病的能力。凭着坚强的意志，小姮彩 11 岁那年终于摆脱了病魔的折磨，回到了学校。

杨姮彩能上学了，她别提有多高兴了。上学机会来得不容易，所以杨姮彩特别珍惜，不仅学习认真刻苦，而且注意培养自己良好的学习品质与学习习惯。她每天坚持做好课前预习，这样听起课来不仅容易听懂，而且理解深透，记得扎实；课后，迅速做完作业，再将老师在课堂上讲的知识对着课本认真复习一遍，以便更好地消化、吸收，真正弄会弄懂。这样学起来轻松而又快乐。

杨姮彩父亲杨允中是位有名望的物理学家，我国科学界的老前辈，对子女要求严格而不拘泥，总是启发和鼓励女儿的好奇心，培养女儿独立思考和开拓创新的精神。因此，杨姮彩学习起来特别愿意动脑，凡是开设的各门课程，她从来不偏科，每一门都刻苦认真地去学，并且学好。因为她认为，中学阶段的每一门课都是基础课、工具课，没有一个好的基础，就像盖高楼没有坚实的地基一样，怎么能起得高，立得牢哩！所以，尽管她十分喜欢物理，但其他课也门门学得很好，每学年考试她总是第一名。她的语文成绩十分出色，一次全校作文竞赛中，她还独占鳌头，荣获了一只玲珑闪亮的小银杯呢！

她的外语能力也挺强，14岁时，她成功地翻译了一篇题为《一只猫九条命》的文章，这篇文章成了她少女时代第一篇译作。

她阅读了许多有趣的外文资料，特别是有关电子管工作原理的科技资料，她学着把它们一一翻译过来，并对照矿石收音机、电子管收录机认真弄懂它们的结构原理。每当弄懂一个问题时，她总是兴奋不已，接着又不停地去钻研新的问题。她渴望了解电子世界的所有奥秘，渴望从事电子研究工作，渴望一生能为祖国的科学事业贡献自己的力量！

她是这样想的，也是这样做的。从上海交通大学物理系毕业后，她先是被分到工厂，后来又被调到上海光学精密机械研究所工作，她的才华和勤奋博得了领导和同事们的重视和赏识，并让她担任了研究所半导体激光研究室主任。

　　一个小病号终于成长为一位女科学家，并成功地完成了光纤通信试验，攻克了光纤通信技术难关，为国家光纤通信事业的发展贡献了自己的青春年华。她的成功令人钦佩，她的成功也给人启迪。

身残志坚的数学家

在我国众多的著名数学家中，有一位对多复变函数研究颇有成就的数学家，他的名字叫陆启铿。许多人都知道他是中国科学院的学部委员、数学研究所副所长，可是谁也不会想到他从小因病双腿麻痹，落下了终身残疾，是一位身残志坚、令人尊敬的数学家。

陆启铿是我国广东省佛山县人，尽管3岁时，病魔夺去了他的双腿，但却夺不去他坚强的意志。他从小勤奋好学，意志坚强，学业成绩优秀，几乎每学期都受到学校的奖励。有一次，学校奖给他一架金色的小闹钟，走起来嘀嗒嘀嗒的，可好听了！从此，这悦耳的嘀嗒声，在小陆启铿心里是那样动听，那样不可缺少，如同一曲美妙的音乐，如同节奏明晰的鼓点，伴他学习，催他奋进，激励着他在人生的旅途中永不掉队，永远坚强！

11岁那年，日本侵华战火蔓延到广东佛山，中国人民挣扎在水深火热之中，陆启铿也同千千万万苦难中的儿童一样失学了！但和其他孩子不一样的是，陆启铿没有因为侵略者的战火，没有因为自己残疾的双腿而放弃学习，他身处逆境，但处处用身残却意志坚强、奋发图强的人的故事来激励自己，勇敢地面对人生，同疾病、同贫穷也同世俗的观念作斗争。

没有书念，就发愤自学；没有老师，就拜哥哥为老师。他特别喜欢数学，一做起代数、几何、三角习题就入迷。在数学的迷宫里，他神思遨游，流连忘返。一支笔、一张纸常常可以使他废寝忘食，学到夜半更深。双腿行走不便和病痛的折磨致使他不得不以超人的意志去克服一般人难以想象和难以克服的困难。15岁时，他终于以自己的顽强和刻苦精神自学完全部初中课程，并顺利通过了高中的录取考试。

高中三年，陆启铿仍然以惊人的毅力，锲而不舍地刻苦读书，他的数学和外语每学期都名列前茅。学校为了奖励他这种精神，不仅给予他奖学金，而且准予他免交学费，鼓励他一心一意地致力于学习之中。

19 岁那年，陆启铿以优异的考试成绩跃过了"龙门"，考取了广州中山大学数学天文系，使他有机会在自己梦寐以求的大学里受到系统的、科学的专业训练。

1951 年，刚刚 24 岁的陆启铿，被调到中国科学院数学研究所工作，他在数学方面所显露的才华得到了我国著名数学家华罗庚的肯定与赏识，并开始了两代数学家的默契配合，在多复变函数的研究领域中取得了令人瞩目的成就。陆启铿与华罗庚老前辈合作撰写了《多复变函数》的论文引起了国内外专家的高度重视，并由此成为我国多复变函数的奠基人。

陆启铿多年的梦想实现了！但这位身残志坚的数学家又以他坚韧不拔的意志开始了数学高峰的新攀登。

摘取数学皇冠上明珠的人

　　陈景润是我国当代杰出的数学家，1933 年出生于福建省一个邮局小职员家庭。当时战乱仍频，枪炮声和飞机轰鸣声给他幼小的心灵以极大的创伤。升入初中时，江苏省的一所学院从远方沦陷区搬迁到他的家乡。学院里的教授和讲师也到本地初中教课，这些老师很有学问，经常给他们讲一些科学救国的故事。陈景润虽弄不大明白其中的道理，但知道救国不能没有科学，尤其不能没有数学。初中毕业，陈景润到英华中学上高中，学校里有位数学老师对他后来的成就影响不小。有一次，这位数学老师给高中生们讲了一道数论中的著名难题。他说很久以前，俄罗斯的彼得大帝建造彼得堡，聘请了一大批欧洲的大科学家，其中有瑞士大数学家欧拉，还有一位德国的数学教师叫哥德巴赫。1742 年，哥德巴赫发现，每一个大偶数都可以写成两个素数的和。他对许多偶数进行检验，都说明这是正确的。但这需要证明，因为尚未经过证明，只能算是猜想。他自己不能证明它，就写信请教那位有名的大数学家欧拉，请他帮忙作出证明，可是欧拉也不能证明它。从此这一命题吸引了成千上万的数学家。200 多年来，多少数学家企图给这个猜想作出证明，都没有成功。

　　说到这里，教室里成了开了锅的水，高中生叽叽喳喳地议论起来。

　　老师又说，自然科学的皇后是数学，数学的皇冠是数论，哥德巴赫猜想则是这皇冠上的明珠，希望你们摘取这颗明珠，前一天晚上我梦见你们中的一位同学证明了哥德巴赫猜想了。高中生们轰地一声笑了，可陈景润没有笑，他笑不起来，于是暗暗下决心，他要证明哥德巴赫猜想。这种决心始终鞭策着他，使他后来终于完成了自己的夙愿。

陈景润从厦门大学毕业后，几经变动，被选调到数学研究所当实习研究员，并接受从事哥德巴赫猜想的研究，开始正式向哥德巴赫猜想发起攻击。

他废寝忘食，不分昼夜地刻苦钻研，潜心思考。有一次，他一边走路一边思考问题，突然觉得被谁撞了一下，他连说对不起，待静下心来才发现自己撞在了路边的一棵树上。他把全部智慧和理想奉献给了数学，为此付出了高昂的代价。他不顾多病的身体，心里只有一个目标：攻克哥德巴赫猜想。跌倒了，爬起来，失败一次前进一步，不屈不挠勇敢攀登。一张又一张运算稿纸，像漫天大雪似地飞舞，铺满他的房间，堆积在楼板上有三尺高。1966年，他在中国科学院主办的《科学通报》发表了一篇论文，宣布他已经证明了"(1＋2)"，不过论文太长，太繁琐，还需要做大量的修改。这时，文化大革命开始了，科研工作受到很大冲击，陈景润被迫搁笔数年，只好暗地在极为艰苦的条件下继续修改。1973年，在中国科学院的一次全体党员大会上，陈景润的这项成果再一次以崭新的面目与人们见面了。

陈景润的成就有力地说明了刻苦钻研、努力求索是成功的保证。

外国卷

勾股定理的发现者

在古希腊早期的数学家中，毕达哥拉斯的影响非常大。毕达哥拉斯年轻时曾到古巴比伦和古埃及去游学，因而直接受到东方文明的熏陶。回国后，毕达哥拉斯创建了政治、宗教、数学合一的秘密学术团体，这个团体被后人称为毕达哥拉斯学派。

毕达哥拉斯定理（即勾股定理）是毕达哥拉斯的另一贡献。关于这个定理还有个小故事：

有一次，毕达哥拉斯应邀参加一位政要的晚宴，主人的餐厅铺着美丽的正方形大理石地砖，看上去非常豪华。可和豪华的餐厅有些不搭配的是菜上得很慢，很多贵宾肚子饿得咕咕叫，有人甚至开始发牢骚了。可喜欢观察和思考的毕达哥拉斯却丝毫没有感到饿，原来，他早已被脚下那些美丽的、排列整齐的方形瓷砖吸引住了。

其实，毕达哥拉斯并不是在欣赏瓷砖的美丽，而是在思考瓷砖各边边长、对角线之间的关系。后来，他干脆拿出画笔，蹲在地板上，选取一块瓷砖，以它的对角线 AB 为边画了一个正方形。他发现，自己画的这个正方形面积恰好等于两块瓷砖的面积和。这难道只是巧合吗，这背后还有其他关系吗？毕达哥拉斯心中充满了疑问。于是，他又以另外两块瓷砖拼成的矩形之对角线画出另一个正方形，他发现这个正方形的面积等于 5 块瓷砖的面积。至此，毕达哥拉斯作了个大胆的假设：任何直角三角形，其斜边的平方恰好等于另两边平方之和。那一顿饭，这位古希腊数学大师的视线一直都没有离开地面。

"日心说"的创立者

1473年2月19日，哥白尼生于波兰东部的托伦。他的父亲是一位曾经当过市长的商人，母亲是一位富商的女儿。10岁时，他的父亲去世，他和哥哥、姐姐被送到舅父那里去抚养。

哥白尼的舅父是一个大主教，经常给哥白尼讲一些天上太阳和星星的知识和故事。舅父见哥白尼很喜欢听这些故事，就送给他一些天文学方面的书籍，哥白尼如饥似渴地读着。浩瀚的星空简直太神奇、太美妙了，他被书中所写的知识吸引住了，不由得开始瞭望头上的星空，开始探索神奇的天文奥秘。

中学时，哥白尼就在老师的指导下，制造了一具照日影确定时刻的日晷。1491年，哥白尼以优异的成绩考入克拉科夫大学，学校的人文主义者、数学家和天文学家布鲁楚斯基对他影响很大，哥白尼经常向这位学者请教天文学和数学方面的问题，还学会了用天文仪器观测天象。

看到哥白尼对观察天象如此痴迷，他哥哥不解地问他："你整夜守在窗边，望着天空发呆，难道表示你对天空的孝敬？"

哥白尼回答说："不。我要一辈子研究天时气象，叫人们望着天空不害怕。我要让星空跟人交朋友，让它给海船校正航线，给水手指引航程。"

大学毕业后，哥白尼在舅父的资助下前往意大利。他先后就读于波伦亚大学、帕多瓦大学和法拉腊大学，继续钻研数学、天文学、医学和法学。他有幸结识了文艺复兴的杰出人物达·芬奇，并且拜敢于向旧观念挑战的学者诺瓦拉为师。正是在诺瓦拉的影响下，他开始对盛行于欧洲已1000年之久的"地心说"产生了怀疑。

"地心说"是古希腊哲学家亚里士多德提出来的，公元 2 世纪罗马天文学家托勒密又加以推演论证，使它进一步系统化了。地心说认为地球静止不动地居于有限的宇宙中心，日月星辰都围绕地球运转。教会借助这种理论，说上帝创造了地球，并让它居于宇宙中心，日月星辰都是上帝创造出来用于点缀宇宙的装饰品。这个理论被教会奉为金科玉律，用来统治、愚弄人民，为他们自己服务。

　　因此，几乎没有人敢对"地心说"的真伪产生怀疑。哥白尼却要对它说"不"了！

　　随着对天文学逐步深入了解，哥白尼越来越对这一学说产生怀疑，当他看到古希腊哲学家毕达哥拉斯不同意"地心说"的观点，认为宇宙的中心不是地球，而是太阳，地球只是环绕太阳运行的星星之一时，哥白尼深深地被这一说法吸引住了。

　　"既然有人在我之前已获准可以自由地设想一些用以解释星体现象的圆圈，那么我想，也不难容许我也来试一下，假定地球有某种运动，能不能发现比前人对天体运动的更合适的解释。"

　　1506 年，哥白尼回到祖国，一面在弗罗恩堡大教堂担任教士，一面从事天文学的研究。为了研究方便，他特意选择了教堂围墙上的箭楼做宿舍兼工作室，他在里面设置了一个小小的天文台，用自制的简陋仪器，开始了长达 30 年的天体观测。正是在这里，他写下了震惊世界的巨著《天体运行论》。

　　哥白尼毫不含糊地指出：太阳是宇宙的中心体，地球和行星都围绕着太阳运动，只有月亮才真正绕着地球旋转。

　　慑于教会的权威，哥白尼不敢立刻把自己的日心说著作公布。直到 1539 年春天，在德国青年学者雷迪卡斯和其他一些朋友的敦促下，哥白尼才同意发表。1541 年秋天，雷迪卡斯把修改稿带到纽伦堡，请路德派的一位神学家匿名撰写了一篇前言，宣称"这部书不可能是一种科学的事实，而是一种富于戏剧性的幻想"。

在这样的情况下，书才于 1543 年 3 月出版。书发表后两个月，哥白尼便与世长辞，终年 70 岁。据说，他闭目的时候，还用冰冷的双手抚摸着刚刚印好的《天体运行论》样书。

由于认识的局限性，哥白尼只看到了太阳是地球等行星的中心，但他认为太阳不动则是错误的。他的日心说解放了科学，动摇了宗教神学的基础，在科学发展史上具有划时代的意义，从此自然科学便从宗教神学中解放出来。

代数学之父

小传

韦达出生在法国东部的普瓦图，早年学习法律，毕业后成为一名律师，在法国议会里工作。

虽然韦达不是学数学的，但他非常喜欢在政治生涯的间隙和工作余暇研究数学。

当他被某一数学问题吸引住时，他总是一连数日将自己关在房间里。

他把自己的绝大部分业余时间都贡献给了数学，并做出了很多重要贡献，成为那个时代最伟大的数学家。

1579 年，韦达的《应用于三角形的数学定律》出版了，这是欧洲第一本使用六种三角函数系统的平面、球面三角学。

韦达曾解出了著名的几何问题，求作一圆切于三个已知圆（原出阿波罗尼奥斯，解法早已失传），韦达用严格的尺规作图法作出。

从某个方面讲，韦达是个几何学上的权威。他利用了阿基米德的方法，通过许多边的多边形来计算圆周率（π）。在计算中韦达使用了 393.216 边的多边形，得出的 π 值精确到小数点后九位——是当时求出的最佳 π 值。

韦达的著作有《数学典则》《分析方法入门》《论方程的识别与修正》《分析五章》《应用于三角形的数学定律》等多种，他发现了 sinA 和 cosA 的展开式。

由于韦达做出了许多重要贡献，成为 16 世纪法国最杰出的数学家。

韦达最重要的贡献是对代数学的推进，他是第一个有意识地和系统地使用字母表示数的人，并且对数学符号进行了很多改进。

他最早系统地引入代数符号，推进了方程论的发展。

韦达于1591年所写的《分析术引论》是最早的符号代数著作，是他确定了符号代数的原理与方法，使当时的代数学系统化并且把代数学作为解析的方法使用。

韦达用"分析"这个词来概括当时代数的内容和方法，不赞成使用"Algebra"这个外来词。

他创设了大量的代数符号，用字母代替未知数，系统阐述并改良了三次、四次方程的解法，指出了根与系数之间的关系，给出三次方程不可约情形的三角解法。因此，他获得了"代数学之父"之称。

韦达的著作，以独特形式包含了文艺复兴时期的全部数学内容。只可惜韦达著作的文字比较晦涩难懂，在当时不能得到广泛传播。在他逝世后，才由别人汇集整理并编成《韦达文集》，并于1646年出版。

韦达1603年卒于巴黎，享年63岁。

与罗门的较量

比利时的数学家罗门曾提出一个45次方程的问题，向各国数学家挑战。

法国国王便把该问题交给了韦达，韦达当时就得出1个解，回家后一鼓作气，很快又得出了22个解。答案公布，震惊了数学界。

韦达又回敬了罗门一个问题，罗门苦思冥想数日方才解出，而韦达却轻而易举地解了出来，为祖国争得了荣誉，他的数学造诣由此可见一斑。

未卜先知

在法国和西班牙的战争中，法国人对于西班牙的军事企图总是明察秋毫，在军事上总能先发制人，因而在两年内就打败了西班牙。

西班牙国王腓力普二世对法国人在战争中的"未卜先知"十分恼火，但又无法理解，他向教皇控告说，法国人在对付他的国家时使用了"魔法"。

事实上，是韦达用精湛的数学方法成功地破译了西班牙人的军事密码，使他的祖国赢得了战争的主动权。

近代科学之父

实践出真知，谁要是违背了这条真理，谁就注定要在科学面前摔上一跤，哲学大师亚里士多德也不能例外。

亚里士多德在西方被称为"最博学的人"。他的很多观点被西方人奉若神明，他本人也被奉为绝对权威，他凭着"自信的直觉"，提出了"重物体比轻物体下落速度要快些"的观点，这种观点统治了西方学术界将近 2000 年。

但是到了 1590 年，一个年轻人却对亚里士多德的观点做了批判。那一天，他站在比萨斜塔的顶楼上，一手拿着一个十磅重的铅球，一手拿着一个一磅重的铅球。塔的下面站着一些充满不信任目光的身着紫色丝绒长袍的教授，还有一些学生和市民，都兴高采烈地仰头看着塔上那个年轻人。

"大家看清了，铅球下来了!"

只见那年轻人把手一松，铅球往下落了下来。这时成千上万的人全都屏住呼吸，目光随着铁球向下移动，在铁球从铁盒落到地面的短暂间隔中，人群异常安静，地上连掉一根针都能听到。

短暂的十几秒钟过去了，只听"咚"的一声，两个铁球同时砸到了地面上，时间不差分毫。平静的人群立即沸腾了："呀! 两个铅球真的同时落到地面!"

有的人对着塔上的年轻人欢呼，有的人惊得合不拢嘴，那副神情分明在说："原来亚里士多德也有错的时候!"

这个在塔上做实验的年轻人就是后来大名鼎鼎的伽利略。

伽利略是欧洲近代自然科学创始人之一，一位自然科学百科全书一样的科学家。1564 年 2 月 15 日，伽利略出生于意大利比萨市一个没落的贵族家庭。伽利略的父亲是一位不得志的音乐家，精通希腊文和拉丁文，对数学也颇有造诣。因此，伽利略从小就受到良好的家庭教育。

12岁时，伽利略进入佛罗伦萨附近的瓦洛姆布洛萨修道院，接受古典教育。17岁时，他考入比萨大学，在大学里，伽利略在宫廷数学家里奇的精心辅导下，把阿基米德的浮力原理和杠杆原理结合起来，获得了精密的测量方法，发明了用以测定合金成分的"液体静力天平"，引起了学术界的关注。25岁时，伽利略受聘为比萨大学教授。他做了许多实验，并发表了许多有影响的论文，从而受到了当时学术界的高度重视，被誉为"当代的阿基米德"。

伽利略在比萨斜塔做那个实验时，刚26岁，是他当教授的第二年。证明了亚里士多德的"落体运动法则"的错误之后，可敬的伽利略并没有为这点小成绩而飘飘然，从塔上下来，他就投入到新的科学研究中。

离开比萨大学后，伽利略来到学术空气自由的帕图拉大学。每逢他上课时，大厅里挤得水泄不通。远至瑞典和苏格兰的学生也慕名而来，他们中间的许多人后来都成了著名的学者。

伽利略给学生们讲宇宙，并告诉他们宇宙中没有任何东西是一成不变的，这与亚里士多德的学说正好相反。他还告诉学生，所有东西、所有原子、所有星球都在运动。

1609年，伽利略根据荷兰人发明望远镜的原理，制造了他自己的第一个望远镜，并且能够放大到32倍。他将望远镜送给威尼斯的市议会，市议会对他的成就非常赞赏，对这位杰出的物理学家刮目相看。

在一个晴朗的夜里，伽利略用望远镜去观察月亮。那个时候，人们依照亚里士多德的学说及圣经的教义，认为月亮是完美无缺的，表面是完全光滑的银白色。可是伽利略透过这支简陋的望远镜，发现月亮和地球一样，它的表面覆盖着苍茫透迤的"大山"和浩瀚无际的"海洋"。他又用这架望远镜去看银河，发现银河竟是由无数的小星球组合而成的，因为有的星球离地球太远，若不借助望远镜，便无法看得真切。

伽利略通过自己的观察，验证了哥白尼、布鲁诺的真理。伽利略马上把他的这些发现整理成书，1610 年，以《星球的使者》为题，出书向全世界作了介绍。伽利略的发现惊动了整个科学界。人们惊讶地说："哥伦布发现了新大陆，伽利略发现了新宇宙！"

1623 年，伽利略发表《试金者》一书，对当时学术界的治学态度和方法作了深刻而尖锐的批评。他认为，人们一贯以权威的迷信结论为判断标准，以权威的观点来证明一切，而不敢面对事实，这是错误的研究态度。

伽利略发表了近代自然数学化运动的宣言，阐述了近代机械自然观的基本立场："哲学被写在宇宙这部永远在我们眼前打开着的大书上，我们只有学会并熟悉它的书写语言和符号以后，才能读懂这本书。它是用数学语言写成的，字母是三角形、圆以及其他几何图形，没有这些，人类连一个字也读不懂。"

基于此，伽利略被称为近代科学之父。1642 年 1 月 8 日凌晨 4 时，伟大的伽利略——为科学、为真理奋斗一生的战士离开了人世，享年 78 岁。在离开人世的前夕，他还重复着这样一句话："追求科学需要特殊的勇气。"

天上的立法者

求学之路

开普勒出生于德国西南部符腾堡的一个贫苦家庭，他的童年凄惨至极。

开普勒从小就体弱多病，家境穷困，父母亲又时常吵架。他自出生便与祖父母同住，直到 1576 年，开普勒因患天花病的关系，才与父母移居雷昂贝格，入读当地的一所拉丁文学校，正式开始他的校园生活。

虽然生活如此窘迫，可是开普勒从小便聪颖好学，立志要成为一名牧师。

少年时代的开普勒因为体弱多病而影响到学业成绩，使他比起其他小朋友需要付出多一倍的时间和心思才能够完成中学的课程。

开普勒完全靠奖学金来完成教育，1589 年他进入了杜宾根大学，主修哲学及神学，同时期还兼读数学及天文学。

发现三大定律

好学不倦的开普勒努力地学习和研究，终于在 1593 年毕业，并获硕士学位。一年之后，更受聘于奥地利的格拉茨大学，成为该校的数学系教授。

这个时候他对数学产生了极其浓厚的兴趣，他相信上帝是以数学法则来创造宇宙的，最后他决定不当牧师了，因为他觉得当一名天文学家，潜心研究行星运行的数学法则，同样可以侍奉上帝，同样可以奉献自己的才能。

当时哥白尼提出了地球绕太阳运转的假说，哥白尼认为行星绕着太阳的轨道是圆形的。开普勒花了几年的时间，细心计算行星的轨道，证明行星是沿着椭圆形的路线行进的。

在任教期间，开普勒潜心天文探索，并在1596年出版了《宇宙的神秘》一书。此书受到天文学家第谷的赏识。

1600年，开普勒移居布拉格，应邀为第谷做助手。第谷逝世后，开普勒利用遗留的大量资料，利用几何曲线表示火星的运动，发现火星运动的轨迹不是圆，而是椭圆，并且运行速度不匀。

1609年，开普勒在《新天文学》一书中，发表了著名的第一和第二定律。第一定律把太阳的位置精确标定在椭圆焦点上，各行星都在椭圆轨道上绕太阳运行。第二定律也叫"面积定律"，在形式上提示了行星与太阳的连线与等时间内扫过的面积相等，这在本质上阐明了行星离太阳近则快、远则慢的不匀速性。1619年，开普勒在《宇宙和谐论》一书中发表了第三定律，即行星绕太阳一周的时间的平方等于椭圆长轴一半的立方。

开普勒的发现为人类科学事业的发展做出了巨大的贡献。

天文学上的贡献

1604年，开普勒发现蛇夫座附近一颗新星，即"开普勒新星"。

1611年他出版了近代望远镜理论著作《光学》。

1618—1620年他发表了《哥白尼天文学简论》一文。

1619—1620年他发表了《彗星论》一书，预言了太阳光辐射压力的存在。

1627年他出版的《鲁道夫星表》，直到18世纪一直被视为标准星表。

开普勒于1629年出版了《稀奇的1631年天象》一书，预言1631年11月7日将出现水星凌日现象，12月6日金星也将凌日。果然，在预报的日期，巴黎的加桑狄观测到水星通过日面，这是最早的水星凌日观测。由于金星凌日发生在夜间，因而当时的人们未能观测到。

开普勒的发现彻底清除了哥白尼学说中托勒密的思想残余，给哥白尼体系带来了严谨性和规律性。而开普勒关于天体运动的三大定律，则是自然界的星球和人造天体都必须遵循的规律。因此，它不仅为人类对宇宙天体的认识做出了贡献，也为现代宇宙航行奠定了理论基础。

现代实验科学的开创者

"知识就是力量，要借服从自然去征服自然。"

看到这句名言，我们就会想到培根，英国的唯物主义与整个现代实验科学的始祖。

弗朗西斯·培根，1561 年 1 月 22 日出生于英国伦敦一个贵族家庭。他父亲是伊丽莎白女王的掌玺大臣。母亲是一个虔诚的加尔文教派的教徒，颇有才学。在这样一个优越的家庭环境中，培根从小便聪明过人。

培根小时候身体很弱，经常生病，但他却很爱学习，喜欢阅读比他的年龄应读的书更为高深的书籍。

一次，父亲带他到王宫去玩，遇见了英国女王伊丽莎白。女王问了他很多问题，小培根回答得非常庄重得体，女王非常喜欢他，叫他"小掌玺大臣"。

12 岁时，培根被送入剑桥大学三一学院深造。在校学习期间，他系统学习了哲学、语法、逻辑、修辞课程，广泛阅读了古希腊哲学家柏拉图、亚里士多德等人的著作，这使他的知识结构更加系统全面。但当时剑桥大学讲授的都是一些经院派哲学，将亚里士多德的话奉为经典，学校里充斥着神学的辩论。培根对这种远离科学、远离实际的氛围非常厌恶，经常一个人在校园里散步，独自思考社会和人生的真谛。

由于培根的聪明与刻苦，他在大学中小小年纪便脱颖而出。他说："理性主义者好比是蜘蛛，只知从自己腹中吐丝织网，经验主义者好像蚂蚁，只知收集材料，而真正的哲学家应当如同蜜蜂，从花园与田野中广泛采集花粉，然后酿成蜂蜜。"

由于重视观察与实验，培根创立了由个别事例上升到一般原则的归纳法，用以代替了长期统治西方的亚里士多德的偏重演绎法的形式逻辑。

在剑桥大学学习了三年后，培根作为英国驻法大使埃米阿斯·鲍莱爵士的随员来到了法国。不久，他的父亲病故，培根奔丧回国，其后没有回法国，而是作律师及国会议员之职。1596年，培根被聘为女王的特别法律顾问。1597年，培根出版了自己的著作《培根论说文集》。

《培根论说文集》一书一出版就引起了轰动，多次再版。1620年，培根又出版了《新工具》一书，在书中，他提出了"知识就是力量"的口号。他还指出，要想控制自然，利用自然，就必须掌握科学知识。他认为真正的哲学必须研究自然，研究科学。为此，他十分重视科学实验，认为只有经过实验才能获得真正的知识。

《新工具》的出版给培根带来了巨大的成功，他在社会上的影响也越来越大，英国国王授予他爵士称号。但在政治上他却遭受了很多波折。1621年，培根被控贪污受贿，被判决监禁于伦敦塔内，终生被逐出朝廷，不得为官，不得进入国会，而且被处以4万英镑的罚金。

后来，由于詹姆士一世对他的偏爱，他被免除了监禁之刑与巨额罚金。从此，培根便脱离政治生涯，专心于自己的哲学及科学研究事业。

后来，培根又发表了《新西特兰提斯岛》，该书描写了太平洋一个虚构的岛上的乌托邦国家。虽然书中的背景令人想起托马斯·莫尔爵士的乌托邦，但是两者的观点则截然不同。在培根的书中，他的理想王国的繁荣和幸福直接来自于集中精力所从事的科学研究。显然，培根是在间接地告诉读者，科研的明智应用可以使欧洲人民与他的神秘岛上的人民一样繁荣幸福。

1626年3月底的一天，培根坐车经过伦敦北郊。当时，他正在潜心研究冷热理论及其实际应用问题。当路过一片雪地时，他突然想做一次实验。于是，他宰了一只鸡，把雪填进鸡肚子，以便观察冷冻在防腐中的作用。但他孱弱的身体，经受不住风寒的侵袭，引起支气管炎复发。由于风寒过重，这位一代实验科学的始祖因医治无效于 1626 年 4 月 9 日清晨病逝。

　　培根是西欧哲学史上第一个比较全面而深刻地批判经院哲学的伟大哲学家。他以自己的伟大著作奠定了英国经验主义的哲学基础，把经验从一向受贬斥的卑贱地位提升到一种科学原则、一种考察方法，对于哲学史与科学史都具有重大意义。他的贡献对于整个人类社会都具有巨大的影响。

伟大的数学家

荷兰布雷达的城墙上，有人列了一道十分难解的数学题。一天，一个年轻的法国军官路过，发现许多人盯着这道数学题出神。他挤了进去，见数学题是用荷兰文写的，便请旁人帮他翻译成拉丁文或者法文。那人轻蔑地打量他："你能解答出来？"

年轻的法国军官微微一笑，很有把握地说："能！"

问话人不相信这个年轻军官能解出这样的难题，便带着讥讽的口吻勉强翻译了一下。不料两天之后，年轻的法国军官就作出了正确的解答，并将答案抄写在城墙上。这个年轻的法国军官，就是文艺复兴时期法国著名的哲学家、数学家、物理学家笛卡尔。

1596 年 3 月 31 日，勒内·笛卡尔出生在法国一个名叫拉哈耶的小城。他出生 3 天后，母亲就去世了，幸亏保姆细心照料，笛卡尔才得以转危为安，勒内在法语中就是"重生"的意思。

笛卡尔的父亲是一名法官，富裕的生活使他度过了无忧无虑的童年。笛卡尔幼年体弱多病，但对周围的事物充满了好奇，经常问这问那，有时候连父亲都回答不上来他的问题。父亲见他很有哲学家的气质，总是亲昵地称他为"小哲学家"。

8 岁时，笛卡尔被父亲送进了拉弗莱希学校读书。他勤奋好学，学校的课程满足不了他对知识的渴求。那时候，学校讲授的是被教会奉为经典的经院哲学，也就是一种为神辩护的哲学，它使人远离自然、远离科学，这些知识无法解释许多科学问题。学了几年，笛卡尔感到很不满意，越来越感到自己无知。

16 岁时他到大学攻读法律，四年后以最优异的成绩获得法学博士学位。之后他来到巴黎，但他对巴黎奢侈放荡的生活毫无兴趣，只对与数学有关的问题感兴趣。他在郊外找了个僻静处，整整两年埋头研究数学。后来，为了进一步了解社会、体味人生，笛卡尔毅然投笔从戎。这样，他来到了荷兰。

荷兰多特学院的院长毕克曼十分欣赏笛卡尔，对他说："你的数学基础深厚，才思敏捷，离开军队，搞数学研究吧，你会成功的。"

笛卡尔没有马上离开军队，但一直研究数学问题。1621年，笛卡尔才退出军界。他与数学家迈多治等朋友交往，潜心研究数学。1628年，笛卡尔移居荷兰。当时的荷兰，资产阶级革命已经成功，社会发展很快。笛卡尔进行了20年的研究，取得了辉煌的成就。

笛卡尔刚过而立之年，在学术界就很有名气了。他写了一系列著作，如《指导哲理之原则》《论宇宙或光》等。1637年，笛卡尔把《论宇宙或光》的主要部分整理成了三篇文章公开发表，这就是数学史上划时代的著作《几何学》《屈光学》《气象学》。与此同时，他还写了一篇序言，名为《科学中正确运用理性和追求真理的方法论》。

《几何学》的问世，标志着解析几何学的诞生。恩格斯称赞解析几何学的诞生是数学的转折点，因为它将变量引入了数学。文艺复兴运动开始后，随着自然科学的发展，人们日益需要了解圆锥曲线的定量关系。笛卡尔在分析研究欧几里德几何学和代数学的基础上，创立了平面上建立点的坐标系，用方程式来表示点和实数对之间的关系，这是解析几何学的基本思想。

笛卡尔认为宇宙间存在的两种不同的物质实体和精神实体，它们都是有限实体，相互独立，互不依赖，这就是哲学上的二元论。笛卡尔是二元论的代表人物。在认识论上，笛卡尔崇尚理性，强调理性对认识起决定性作用。

1649年10月，笛卡尔应瑞典女王的邀请来到瑞典首都斯德哥尔摩，为女王讲授哲学和数学。但体弱多病的笛卡尔非常不适应瑞典的寒冷气候，很快就病倒了。1650年2月11日，笛卡尔与世长辞。

笛卡尔是 17 世纪的欧洲哲学界和科学界最有影响的伟人之一，被誉为"近代科学的始祖"。在法国圣日耳曼的圣心堂中，至今存放着笛卡尔的遗骸，墓碑上写着这样一句话："欧洲文艺复兴以来，第一个为人类争取并保证理性权利的人。"

科学巨人

艰难的求学过程

牛顿出生在一个普通的农民家庭里，出生前不久父亲就去世了，母亲在他2岁那年改嫁了。14岁的时候，继父也不幸去世，牛顿被迫休学回家。

为了培养牛顿的独立谋生能力，母亲让他经营农产品。

虽然牛顿不愿意离开学校，但生活的压力迫使他不得不屈从母亲的意志。

每天一大早，牛顿就跟一个老仆人到十几里外的大镇子去做买卖。他总是把一切事务都交托给老仆人去办，自己却偷偷跑到一个地方去读书。

为了不让家里人发觉，他每天与老仆人一同出去，到半路停下，在一个篱笆下读书；每当下午老仆人归来时，再一同回家。

一天，牛顿正在篱笆下读书，被碰巧路过的舅舅看见。舅舅见他没有去镇上做买卖，非常生气，大声责骂他不务正业，把牛顿的书抢了过来。

舅舅一看他所读的是数学书，上面画着种种记号，既心疼又感动。他一把抱住牛顿，激动地说："孩子，就按你的志向发展吧，你的正道应该是读书。"

回到家里后，舅舅竭力劝说牛顿的母亲，让牛顿弃商就学。

在舅舅的帮助下，牛顿再次走进校园。

忘我的工作态度

牛顿对于科学研究专心到痴迷的地步。有一次，牛顿煮鸡蛋，他一边看书一边思考问题，随手把一个东西扔进了锅里。等锅里的水沸腾后，掀开锅盖一看，"啊！"他惊叫起来，锅里煮的竟然是一块怀表。原来他考虑问题时竟然心不在焉地随手把怀表当作鸡蛋放在锅里了。

还有一次，牛顿邀请一位朋友到他家吃午饭。他研究科学入了迷，把这件事忘掉了。他的佣人照例只准备了牛顿一个人的午饭。

临近中午，客人应邀而来。客人看见牛顿正在埋头计算问题，就没有打搅牛顿。他见桌上摆着饭菜，以为是为他准备的，于是坐下吃了起来，吃完后就悄悄地走了。当牛顿把题计算完了，走到餐桌旁准备吃午饭时，看见盘子里吃过的鸡骨头，恍然大悟地说："我以为我没有吃饭呢，原来吃过了。"

严谨的学术作风

牛顿费尽心血算出"万有引力定律"后并没有急于发表，而是孜孜不倦地继续深思、研究。后来，牛顿的朋友——天文学家哈雷在证明关于行星轨道的规律时遇到困难，专程登门请教牛顿。牛顿把自己关于计算"万有引力"的书稿交给哈雷看，哈雷看后才知道他所要请教的问题，正是牛顿早已解决、早已算好了的问题，心里钦羡不已。

1684 年 11 月，哈雷再次拜访牛顿。当谈到有关天文学的学术问题时，牛顿拿出写好的关于论证"万有引力"的论文，请哈雷提意见。哈雷看后，对这一巨著感到非常惊讶。他欣喜地对牛顿说："这真是伟大的论证、伟大的著作！"他再三奉劝牛顿尽快发表这部伟大著作，以造福于人类。可是牛顿并没有轻易地发表自己的著作，而是经过长时间的一丝不苟地反复验证和计算确认正确无误后，才于 1687 年 7 月将《自然哲学的数学原理》发表于世。

捍卫真理的殉道者

1548 年，布鲁诺出生在意大利那不勒斯附近诺拉城一个没落的小贵族家庭。在十余岁时，父母将他送到了那不勒斯的一所私立人文主义学校就读。布鲁诺在这所学校学习了 6 年。1565 年，布鲁诺在强烈的求知欲的驱使下，进入了多米尼克僧团的修道院，第二年转为正式僧侣。布鲁诺在修道院学校攻读神学，同时他还刻苦钻研古希腊罗马语言文学和东方哲学。10 年后，他获得了神学博士学位，还得到了神甫的教职。

布鲁诺不仅在修道院学校学习，还经常参加当时的一些社会活动，和一些人文主义者交往甚密。在当时强大的人文主义思潮影响下，布鲁诺阅读了不少禁书，其中对他影响最大的是哥白尼的《天体运行论》和当代著名哲学家特列佐的著作。他为哥白尼的学说所吸引，开始对自然科学发生了浓厚的兴趣，逐渐对宗教神学产生了怀疑。

布鲁诺信奉哥白尼学说，所以成了宗教的叛逆，被指控为异教徒并被革除了教籍。1576 年，年仅 28 岁的布鲁诺不得不逃出修道院长期漂流在瑞士、法国、英国和德国等国家，他四海为家，在日内瓦、图卢兹、巴黎、伦敦、维登堡和其他许多城市都居住过。尽管如此，布鲁诺仍然始终不渝地宣传科学真理。他到处作报告、写文章，还时常出席一些大学的辩论会，用他的笔和舌毫无畏惧地积极颂扬哥白尼学说，无情地抨击官方经院哲学的陈腐教条。

由于布鲁诺在欧洲广泛宣传他的新宇宙观，反对经院哲学，进一步引起了罗马宗教裁判所的恐惧和仇恨。在天主教会的眼里，布鲁诺是极端有害的"异端"和十恶不赦的敌人。他们施展狡诈的阴谋诡计，收买布鲁诺的朋友，将布鲁诺诱骗回国，并于 1592 年 5 月 23 日逮捕了他，把他囚禁在宗教裁判所的监狱里，接连不断地审讯和折磨竟达 8 年之久！刽子手们用尽种种刑罚仍无法令布鲁诺屈服。天主教会的人们绝望了，他们凶相毕露，建议当局将布鲁诺活活烧死。布鲁诺似乎早已料到，当他听完宣判后，他说："高加索的冰川，也不会冷却我心头的火焰，即使像塞尔维特那样被烧死也不反悔。"他还说："为真理而斗争是人生最大的乐趣。"经过 8 年的残酷折磨后，布鲁诺被处以火刑。

1600 年 2 月 17 日凌晨，罗马塔楼上的悲壮钟声划破夜空，传进千家万户。这是施行火刑的信号。通往鲜花广场的街道上站满了群众。布鲁诺被绑在广场中央的火刑柱上，他向围观的人们庄严地宣布："黑暗即将过去，黎明即将来临，真理终将战胜邪恶！"最后，他高呼："火，不能征服我，未来的世界会了解我，会知道我的价值！"刽子手用木塞堵上了他的嘴，然后点燃了烈火。布鲁诺在熊熊烈火中英勇就义。

工业革命的伟大旗手

倔强的性格

瓦特的父亲是一个穷苦的木匠，整日不辞辛苦地劳动。母亲负担家务，整个家庭充满着痛苦和忧愁。由于他出生于这样贫寒的家庭，父母很难给他以结实健康的身体。

童年的瓦特身体非常虚弱，骨瘦如柴。贫病交加，使他失去了进入学校读书的机会。时间长了，孩子们也都不体谅他，见他不上学，游手好闲，常常半真半假地说他坏话，叫他"懒孩子""病包子"，瓦特听了很不高兴。

瓦特很有自尊心，他不甘心这样虚度童年，他要求读书，渴望学习。在他强烈的要求下，父母拗不过他，只好答应，不管春夏秋冬，不管怎样辛苦劳累，都要抽空教他读书、写字，有时还教他些算术。

就这样，小瓦特在贫寒的家庭里，过着他那聊以自慰的学习生活。学的知识虽不多，他却记得很牢固，有时还能举一反三。

丰硕的成果

瓦特生活的时代，正是历史发生变革的时代。一是政治变革，封建君主专制向资本主义制度转变；二是经济变革，工场手工业向机器大工业转变。

有一次，格拉斯哥大学里的一座牛康门蒸汽机坏了，让瓦特修复。他和熟练的机械工人一样，动手修理。在修理过程中，瓦特爱上了这台机器，以他的娴熟技术使这台机器复活，使它完美无缺。修理完毕，瓦特在汽锅里放了水，机器便发动起来。可是，几分钟后便停了。

瓦特经过仔细琢磨，发现这种机器存在着很严重的缺陷，那就是汽筒裸露在外边，四周的冷空气使它温度逐渐下降，蒸汽放进去，还没等汽筒热透，就有一部分变成水了。

要使汽筒再变热，又要消耗好多蒸汽，这样一冷一热，又一热一冷反复循环下去，只能有四分之一的蒸汽做功，其余四分之三被浪费掉了。

问题提出来了，而且是一个很值得重视的问题。一向善于动脑筋、刻苦钻研的瓦特，怎能对其视而不见呢。

他想：解决问题的途径，必须从保持汽筒的温度开始考虑，可是怎么保持呢？他思索着，叨念着。有时查阅书籍，有时找别人请教，有时一个人在房间里比划着。

过了好久，有一天，他在格拉斯哥大学草坪上散步时，忽然想出了解决的办法。假如在汽筒的外边安装上一个"分离凝结器"，蒸汽就可以在"凝结器"内化成水，汽筒便不会冷却，就不会浪费热量了。

瓦特豁然开朗，立即回到了修理间，开始工作。他废寝忘食地研究，夜以继日地实验，排除了重重困难，终于制成了"分离凝结器"。这是瓦特对蒸汽机的最大贡献。

1769年，瓦特把蒸汽机改成为动力较大的单动式发动机。后来又经过多次研究，于1782年完成了新的蒸汽机的试制工作。机器上有了联动装置，把单式改为旋转运动，完善的蒸汽机改良成功了。

由于蒸汽机的改良，加之英国当时棉纺织工业发达，所以英国就成为世界上最早利用蒸汽推动棉纺织的国家。

19世纪，开始海上运输改革，一些国家进入了所谓的"汽船时代"。

从此，船只就行驶在茫茫无际的海洋上了。随之而来，煤矿、工厂，后来又出现了以蒸汽机为动力的火车。

体力劳动得到了进一步解放，经济迅速发展了，这不能不说是蒸汽机改良的成果，当然也是蒸汽机的改良者瓦特的功劳。因此，瓦特在世界上享有盛名。

免疫学之父

詹纳出生在英国格洛斯特郡伯克利小镇，父亲是一位牧师。在詹纳上过几年学之后，便跟随一位乡村外科医生学习医术，后来在一家医院里边学解剖边工作。

21 岁时，詹纳来到伦敦，师从当时英国杰出的外科医生 J. 享特，并于 1792 年获得圣安德大学医学学位。可是他的兴趣远远超出医学的范畴，对音乐、诗歌及自然史他都感兴趣。

研究疫苗

在 18 世纪，天花是导致英国人死亡的主要原因之一，每年就有 4 5000 人死于天花，人们为找出预防天花的可靠方法进行过多年的努力。经过很长一个时期，人们知道患天花病的幸存者从此具有了免疫力，不会再次患天花病。

在东方，基于这种观察的结果，得出一种接种方法，即用从患有轻度天花症的人体内取出病毒给健康人接种，其目的是为了让接过种的人只染上轻微的天花症，待恢复后获得免疫力。

一次，詹纳应邀去给一位农夫治病。在那里，詹纳发现有 15 位挤牛奶的少女个个皮肤白净光滑，于是他称赞她们善于保养皮肤。其中一位少女说，她们的皮肤之所以比别人好，是因为她们都染上过牛痘，所以没有生过天花。

原来，在英国乡下早有一种认识：牛痘，即一种牛生的痘疮，会传染给人。

詹纳了解到这一情况，立刻着手开始证实这一村野传说。他让生过牛痘的人同天花患者接触，发现生过牛痘的人没有染上天花；他又把天花菌注射到这些人身上，也没有发生作用。事实证明，接种牛痘具有免疫功能。

1796年5月14日，詹纳将从一个奶场女工手上的牛痘脓胞中取出来的物质注射到一个8岁的男孩詹姆斯·菲普斯体内。如事先所料，这孩子患了牛痘，但很快就得以恢复。詹纳又给他种天花痘，结果不出所料，这孩子没有出现天花病症。经过进一步的调查研究后，詹纳在《天花疫苗因果之调查》一书中公布了他的实验结果，并于1798年非正式地发表了这本书。

这本书成了这一接种方法被迅速采用的主要原因，随后詹纳又发表了另外五篇讨论接种的文章。为了让人们接受接种，詹纳长年宵衣旰食，四处宣传。

最初，接种并不被出身于学府的医生们所重视，但是天花毕竟是导致成千上万的人死亡的原因，于是，从欧洲到美洲，人们开始悄悄地实验着詹纳最终确定的牛痘疫苗接种法：将减毒的天花病毒接种给牛犊，再取含有病毒的痘疱制成活疫苗，此疫苗被接种进人体的皮肤后，局部发生痘疱即可对天花病毒产生免疫。

无私的奉献

詹纳一共研究了27个病例，于1796年宣布他的研究成果。但是他的发现公开以后，受到了来自社会各方面的压力。英国皇家学会不相信一个乡村医生能制服天花，甚至还把他当做沽名钓誉、哗众取宠的骗子。

面对这些，詹纳坦然应对，一直没有对自己的研究失去信心。詹纳选择保持沉默，继续免费为村民接种牛痘。

1798年，英国、法国、俄国等地区又流行天花，这时接受过詹纳接种牛痘的人已经有2 018人。在这次天花流行期里，这2018人没有1

人传染上天花。詹纳的发现得到了一次有力的证明，祝贺的函电像雪片般送到他的诊所里。

詹纳无意从他的发现中获利，他无私地把他的接种方法奉献给世界。但是1802年英国议会为了对詹纳表示感谢，授予他一笔10 000英镑的奖金，几年后又追加一笔20 000英镑的奖金。

1803年，詹纳在伦敦成立了皇家詹纳学会，推广种痘免疫的方法。接种牛痘的知识很快传遍世界各地，死于天花的人数在10年之内达到了最低。天花的流行终于被詹纳控制了。

为了纪念詹纳对人类的伟大贡献，人们把每年的5月14日定为"种痘节"。

轮船发明者

瓦特改良了蒸汽机，为动力提供了广阔的天地。

1789年，一个叫富尔顿的美国年轻人抵达英国，登门拜访了瓦特，向他说了自己想把蒸汽机用在船上的想法。瓦特非常欣赏富尔顿，鼓励富尔顿进行实验，使航运跟上蒸汽时代的脚步。

1803年，富尔顿在法国研制好了一艘轮船，他用瓦特蒸汽机做动力，用明轮桨做助推工具。一天，富尔顿在塞纳河上试航，人们听说他研制了水面"怪物"，纷纷跑来观看。船开动了，这艘船在塞纳河上吐气冒烟，摇摇晃晃地走着，发出轰轰的声音。

人群中突然有人笑了起来："哈哈，瞧它慢得像什么?"

"蜗牛!"

"又笨又重!"

"又呆又傻!"

人们七嘴八舌讥讽着这艘刚刚起步的汽船。

还有一人大叫:

"看我的!"

只见他在岸边，竟然与轮船一起行走，不一会儿，他竟然超过了轮船! 人们更加开心，哄堂大笑，称这艘轮船为"富尔顿的蠢物"。第一次试航就在人们的哄笑声中结束了。

但富尔顿并没有因为一次失败而泄气。他对人们说，新发明需要人爱护，要有向前看的眼光，才能有正确的意识。为此，富尔顿四处求援，甚至找到了拿破仑。结果拿破仑认为他是个骗子，把他轰了出去。

1806年，富尔顿回到美国，寻找支持者。幸运的是他遇上了发明家列文斯顿。列文斯顿很富有，是一位农场主。在他的资助下，富尔顿把自己的全部精力都投入到了研究之中。

成功的日子到来了。

1807年7月4日，富尔顿制造的一艘新汽船停泊在美国纽约附近的哈得逊河上。

这艘船样子十分奇怪，它长45米、宽4米，没有橹、帆和桅杆，只有一根大烟囱，船体两侧各有一个大水车式的轮子。两岸围观的人们依旧把它称为"富尔顿的蠢物"。但富尔顿把这艘船命名为"克莱蒙特"。

在两岸观众的目光下，"克莱蒙特"号冒着滚滚浓烟，以每小时9千米的速度飞快地离开了码头。观众看到"富尔顿的蠢物"以超过一般帆船的速度前进时，发出一片欢呼声。在船尾亲自操作的富尔顿看到这情景，激动地流下了热泪。

但不到一会儿，"克莱蒙特"号又不动了，满头大汗的富尔顿和助手们急急忙忙拿着工具，很快就修好了。"克莱蒙特"号的机器发出巨大的轰鸣声，排除了小故障的"克莱蒙特"号又开始破浪前进。

这回的试航十分成功。人们惊奇地发现，新轮船比帆船要快，而且乘客们感觉很平稳，让人十分舒适。

这艘船运行了32个小时，从纽约到奥尔巴尼共行程240公里。一时间，搭乘这艘"克莱蒙特"号成为时尚。后来，更多的船被发明出来，但谁也没忘记富尔顿是第一个发明轮船的人，他也因此被人们称为"轮船之父"。

近代化学之父

道尔顿是英国自学成才的化学家、物理学家,被誉为"近代化学之父"。

他出生在英格兰北部鹰场村一个贵格教派的家庭里,父亲约瑟夫·道尔顿是一个手工织布工人,还经营着小块土地,母亲黛博拉操持家务。

约翰·道尔顿小的时候因为家里很穷,一边帮父亲干活,一边在乡村学校读书,11岁就辍学了。他受的正规教育只相当于小学毕业,但他喜欢读书,聪明好学,学习时有一股子钻劲,遇到不懂的问题时,不轻易问别人,而是勤思考、查资料、多验证,一定要想方设法把问题搞清楚。正是他从小养成这种良好的学习习惯和勤奋求知、持之以恒的精神,才使他能自学成才,为人类科学技术的发展做出了巨大贡献。

道尔顿一生对气象、物理和化学三个学科做出不少贡献。他最初研究气象学,从1787年3月24日开始直至去世,57年间每天都对他所住湖区的气象变化作记录,共计两万多次,最后一次记录是他去世前几小时记下来的。1787年道尔顿开始观察极光现象,得出极光射束和地磁有关的结论。在哲学学会上他宣读过论及气压计、温度计、湿度计,降雨和云的形成,水分蒸发和分布的性质、露点等多方面问题的论文,引起了学术界的兴趣,这对当时的气象研究起了一定的指导作用。他还第一个确认雨的形成原因不是由于大气压力的变化,而是由于气温的降低。

对气象的深入研究引发了道尔顿对气体研究的兴趣。他研究气体的扩散问题,测量气体的压力,寻找气体的体积与温度变化的关系。既研究单成分气体(当时氮气、氧气等空气的组成部分已被发现,已认识到空气是一种混合气体），又研究混合气体。在研究中提出"混合气体中各种气体它们各自的压力如何"这样一个问题，他制订了研究计划，设计了巧妙有趣的实验，用一个容器先后两次分别充入两种不同的气体，测出每种气体的压力，然后测量这两种气体混合气体的压力，得出的结论是混合气体的压力正是各单种气体压力之和，从而发现了有名的"气体分压定律"，即气体混合物的压力等于各组成气体在同样条件下单独占有该容器时的分压力之总和。为了纪念道尔顿，这个定律通常被称为"道尔顿定律"。

道尔顿最主要的成就还是在化学方面，他设计了化学符号制。1803年提出相对原子量，并制成最早的原子量表。至今，测定原子量的方法仍然是根据道尔顿最初提出的原则，只不过是标准有了变化。他还发现了丁烯和乙醚的组成及其化学式，创立了科学的原子学说，揭示了物质内部构造和变化的秘密，使当时已经发现的一些化学基本定律（如"质量不灭定律""化合量定律"和"定比定律"）得到了统一的解释。道尔顿还根据他自己大量的实验数据，明确提出了"倍比定律"，丰富了他的原子学说。

道尔顿对科学做出了巨大贡献，他在国内外的声望与日俱增，荣誉也纷至沓来。

1808年5月，他被推选为曼彻斯特文学哲学学会的副会长，1817年被选为会长直至逝世。1816年被选为法国科学院通讯院士，1822年被选为英国皇家学会的会员，1826年英国政府授予他金质勋章。1832年牛津大学授予他法学博士学位，这是牛津大学的最高奖赏。他长期工作和生活的地方——曼彻斯特市则通过决议，在市政大厅竖立道尔顿的半身雕像。

1844年7月27日，约翰·道尔顿与世长辞，他终生未婚。曼彻斯特全城下半旗致哀，整个英国和全世界都深切悼念这位平凡而又伟大的科学家。

尽管道尔顿还没有摆脱"原子不可割"的观点，也没能预见到原子蜕变和分裂，以及光子、轻子、介子等基本粒子，但他创立的原子学说，开创了化学科学的新时代，对科学发展产生了深远影响，在人类科学文明史上留下了光辉灿烂的一页。

道尔顿的一生不但留给我们丰富的科学遗产，而且留给我们奋发前进，攀登科学高峰的精神力量。

电动力学的先创者

大家熟悉的电流强度单位——安培，是为了纪念在 1775 年 1 月 22 日出生于法国里昂的物理学家安德烈·玛丽·安培而命名的。

安培家境富裕，他父亲因深受鲁索教育理论的影响，特别为他设立一个藏书丰富的私人图书馆，所以他从小就博览群书。这些书不但让他体会到生命崇高的一面，更激发起他对自然科学、数学和哲学的兴趣。安培是个数学天才，小小年纪已学会数学的基本知识和几何学；12 岁就开始学习微积分；18 岁时已能重复拉格朗日的《分析力学》中的某些计算。1799 年他在里昂担任数学教师，并开始有系统地研究数学，后来更写了概率论的论文。

安培智慧非凡，善于运用数学进行定量分析，他的学术地位也因而不断提高。他被聘为多个学院的物理和数学分析教授，更受邀成为英国皇家学会会员。

怀表变卵石

安培思考科学问题专心致志，据说有一次，安培正慢慢地向他任教的学校走去，边走边思索着一个电学问题。经过塞纳河的时候，他随手拣起一块鹅卵石装进口袋。过一会儿，又从口袋里掏出来扔到河里。到学校后，他走进教室，习惯地掏怀表看时间，拿出来的却是一块鹅卵石。原来，怀表已被扔进了塞纳河。

马车车厢做"黑板"

还有一次，安培在街上行走，走着走着，想出了一个电学问题的算式，正为没有地方运算而发愁。突然，他见到面前有一块"黑板"，就拿出随身携带的粉笔，在上面运算起来。那"黑板"原来是一辆马车的车厢背面。马车走动了，他也跟着走，边走边写；马车越来越快，他就跑了起来，一心一意要完成他的推导，直到他实在追不上马车了才停下脚步。安培这个失常的行动，使街上的人笑得前仰后合。

安培先生不在家

为了专心研究问题，怕别人来打扰他了，安培就在自己的家门口贴上了一张"安培先生不在家"的字条。这样，来找他的人看到字条后就不会再敲门打扰他了。有一天，他在家中思考一个问题，百思不得其解，便走出家门，一边散步一边思考这个问题。他在马路上走着走着，好像突然想起了什么便转身向家走去。他一边走一边还在聚精会神地思考着问题。当他回到自己的家门口时，抬头看见门上贴着的"安培先生不在家"的那张字条，自言自语地说："噢！安培先生不在家，那我回去吧！"说完，就回头走了。

电学中的牛顿

安培将他的研究综合在《电动力学现象的数学理论》一书中，成为电磁学史上一部重要的经典论著。麦克斯韦称赞安培的工作是"科学上最光辉的成就之一"，还把安培誉为"电学中的牛顿"。

安培还是发展测电技术的第一人，他用自动转动的磁针制成测量电流的仪器，以后经过改进称为电流计。

安培对电磁学的发展可以说是功不可没。他不但创造了"电流"这个名词，又将正电流动的方向定为电流的方向。1820年，他根据奥斯特发现的"电流的磁力效应"，进行了很多有关电流和磁铁相互作用的实验，得出几个重要的结论：一是两个距离相近、强度相等、方向相反的电流对另一电流产生的作用力可以相互抵消；二是在弯曲导线上的电流可被看成由许多小段的电流组成，它的作用就等于这些小段电流的矢量和；三是当载流导线的长度和作用距离同时增加相同的倍数时，作用力将保持不变。经过一番定量的分析之后，他终于在1822年发现了"安培定律"，并在1826年推出两电流之间的作用力的公式。安培在电磁学上的杰出成就是有目共睹的，当时许多物理学家都对他万分敬佩。

安培在他的一生中，只有很短的时期从事物理工作，可是他却能以独特、透彻的分析来论述带电导线的磁效应，因此我们称他是电动力学的先创者。

现代生物学之父

　　进化论的创始人、英国自然博物学家达尔文，1809 年出生于英格兰的普雷斯顿，他的父亲是一代名医，造诣极深，知识渊博。他的母亲是瓷器收藏家的女儿，爱好花草树木的种植。

　　达尔文从小就对自然科学怀有强烈的兴趣，他经常骑马、打猎、钓鱼，采集矿石、鸟蛋和昆虫，钻进树林观察鸟类的习性，研究甲虫的特征……

　　达尔文的父亲希望他能够继承自己的事业，因此，1825 年，年仅16 岁的达尔文便被送入爱丁堡大学学医。但是，达尔文并没有按照父亲的设想向从医的道路发展，他感到医学和解剖学都很枯燥无味，不久便转入剑桥大学改学神学，打算将来当个安立甘教派传教士。

　　在剑桥的三年里，达尔文与地质学教授塞奇威克和植物学教授亨斯罗结识，更加喜欢上了对自然界的观察和研究，而对神学的学习却没什么进展。当读了洪堡的《南美洲旅行记》和赫胥黎的《自然哲学导言》之后，他已经立志要投身于自然科学研究了。

　　1831 年，达尔文从剑桥大学毕业。他放弃了待遇丰厚的牧师职业，依然热衷于自己的自然科学研究。同年 12 月，英国政府组织了"贝格尔"号军舰的环球考察，达尔文经人推荐，以"博物学家"的身份自费搭船，开始了漫长而又艰苦的环球考察活动。

　　达尔文每到一地总要进行认真的考察研究，采访当地的居民，有时请他们当向导，跋山涉水，采集矿物和动植物标本，挖掘生物化石，发现了许多没有记载的新物种。他白天收集谷类、岩石标本、动物化石，晚上又忙着记录收集经过。

　　1832 年 1 月，"贝格尔"号停泊在大西洋中佛得角群岛的圣地亚哥岛。水兵们都去考察海水的流向，达尔文和他的助手则背起背包，拿着地质锤，爬到山上去收集岩石标本。

在考察过程中，达尔文根据物种的变化，整日思考着一个问题：自然界的奇花异树、人类万物究竟是怎么产生的？它们为什么会千变万化？彼此之间有什么联系？这些问题在脑海里越来越深刻，逐渐使他对神创论和物种不变论产生了怀疑。

1832年2月底，"贝格尔"号到达巴西，达尔文上岸考察，向船长提出要攀登南美洲的安第斯山。当他们爬到海拔4000多米的高山上时，达尔文意外地在山顶上发现了贝壳化石。

达尔文非常吃惊，他心中不禁问道："海底的贝壳怎么会跑到高山上了呢？"经过反复思索，他终于明白了地壳升降的道理。达尔文脑海中一阵翻腾，对自己的猜想有了更进一步的认识："物种不是一成不变的，而是随着客观条件的不同而相应变异！"

后来，达尔文又随船横渡太平洋，经过澳大利亚，越过印度洋，绕过好望角，于1836年10月回到英国。在历时5年的环球考察中，达尔文积累了大量的资料。回国之后，他一面整理这些资料，一面又深入实践，同时，查阅大量书籍，为他的生物进化论寻找根据。就这样，达尔文根据生物之间相互制约、相互依存的关系，经过深入观察和研究，终于写出了《物种起源》等伟大著作，成为19世纪世界杰出的科学家和生物进化论的奠基人。

1842年，他第一次写出《物种起源》的简要提纲。1859年11月，达尔文经过20多年研究而写成的科学巨著《物种起源》终于出版了。在这部书里，达尔文旗帜鲜明地提出了"进化论"的思想，说明物种是在不断地变化之中，物种演变是一个由低级到高级、由简单到复杂的过程。

这部著作的问世，第一次把生物学建立在完全科学的基础上，以全新的生物进化思想，推翻了"神创论"和物种不变的理论。《物种起源》是达尔文进化论的代表作，标志着进化论的正式确立。

《物种起源》的出版，在欧洲乃至整个世界都引起轰动。它沉重地打击了神权统治的根基，从反动教会到御用文人都狂怒了。他们群起攻之，诬蔑达尔文的学说"亵渎圣灵"，有失人类尊严。

　　与此相反，以赫胥黎为代表的进步学者，积极宣传和捍卫达尔文主义，指出：进化论轰开了人们的思想禁锢，启发和教育人们从宗教迷信的束缚下解放出来。

蒸汽机车的发明者

1769 年，瓦特改进了蒸汽机。这种动力较大的机器被用于采矿、冶金、纺织等行业，也为交通运输工具的更新提供了动力基础。

威廉·默多克是瓦特的得力助手，他想起瓦特曾说过蒸汽机可以用作交通运输的动力，就朝这个方向设想，并开始动手研制。5 年以后，默多克制作出蒸汽机车的模型，并得到了很好的应用。当时，矿上的工人们首先换上了蒸汽机车。人们专门修建了蒸汽机车的轨道，用来顺利地运送矿石及其他物品。

有些人开始研究：既然能运输货物，应该一样可以运输人才对。英国的矿山技师特莱维茨克开始琢磨这个问题，1803 年，世界上第一台蒸汽机车诞生了，这种机车每小时可以行驶 6 000 米左右。

但它面临的危险是出轨，特莱维茨克反复试验都没能很好地解决因震动引起的零件松动脱落以及出轨问题。

继默多克、特莱维茨克二人之后，一个叫乔治·史蒂芬孙的工程师又开始了蒸汽机车的研制工作。

1781 年，史蒂芬孙出生在英国一个贫穷矿工家庭，他本人 14 岁时也当上了煤矿矿工。史蒂芬孙对煤矿工人的苦难生活有极深的体会，工人们挖煤、运煤，受苦受累不说，而且相当危险。

史蒂芬孙决心为工人们制造出更加高效率的机车，为大家谋福利。他凭着 4 年矿工生活积累的对机车构造和性能的经验，决心补充科技文化知识，以进一步研究。

1814 年，史蒂芬孙研制的第一辆蒸汽机车在达林顿的矿区铁路上试运行，效果比较理想，速度和动力明显进步了。

但是机车就像一头怪兽，疯狂叫嚣，浓烟滚滚。火车开动的时候。地动山摇一般，轨道摇摇晃晃，车子异常颠簸，烟筒冒出滚滚黑烟，火星四射。这个场面太吓人了，附近的树都被烟筒冒出的火焰烧着了，熏得漆黑。最危险的是，锅炉的温度散不出去，急剧升高，有爆炸的危险。

据说，附近的农民还责怪他的火车声响又尖又大，把附近的牛都吓跑了，跟他吵架，找他算账。

面对这些困难，斯蒂芬孙没有灰心，他进行了一系列改进。

他用导气管把喷出的蒸汽废气引到烟筒里，就把噪声减小了。由于废气排得快，因此加快了炉内的空气循环，使炉内的煤燃烧加快，发出更大功率，使机车的牵引力变得更大了。

不仅如此，史蒂芬孙还改进了车厢，增加了弹簧以防止震动过于猛烈，他还用熟铁来代替生铁用作路轨，并且在枕木下加铺小石块，用来分散压力。史蒂芬孙还想到了要把锅炉安装在车头，这样可以减少爆炸带来的损失和伤害。

从 1823 年起，在英国的"煤都"达林顿和海港城市斯多顿之间修建了一条商用铁路，政府让史蒂芬孙主持修建。1825 年 9 月 27 日，史蒂芬孙劝服了政府，在这条路上行驶蒸汽机车，开始试车。

很多人认为，铁路和火车不是搭配使用的吗？怎么史蒂芬孙还要劝服政府在路上通行机车呢？原来这条铁路是给马车准备的。

历史上，铁路的出现比火车早。在欧洲，马车的使用非常广泛，是陆地上主要的交通运输工具。渐渐地，随着矿业的发展，矿产品越来越多，燃料、原料以及成品都需要运输。

在山岭中，在矿井里，人们铺设了木制专线，这是专用轨道，行驶起来要快一些。后来伴随着铁的大量使用，人们为了减少磨损，增大速度，在木制轨道上包上铁皮，逐渐演变，铁轨就代替了木轨。

试车那天，史蒂芬逊的"旅行号"列车拉着 6 节车厢的煤，20 节车厢的乘客，重达 90 吨，时速 15 000 米。人们都围观欢呼，热闹非凡。

1830 年，利物浦至曼彻斯特的铁路贯通了，史带芬逊的"火箭号"使用蒸汽动力，平均时速达到了 29 000 米，没有出现任何异常。这就是世界上真正意义上的第一列火车。

电磁感应发现者

工业革命的迅速展开促使人类社会的发展进入快车道，在机械、能源等工业蓬勃发展之时，电气领域也在悄悄酝酿着一场革命。

先是 1800 年，丹麦的奥斯特发现电可以产生磁的效应，接着是法国人毕奥和萨伐尔毕发现"毕奥—萨伐尔定律"；然后有了德国物理学家欧姆在 1825 年发表的"欧姆定律"，揭示了导线中电流和电位差的正比关系。一系列重大发现为电磁感应铺平了道路，最终法拉第完成了这一历史使命。

法拉第，1791 年 9 月 22 日生于伦敦市郊的贫民区。他的父亲有 10 个孩子，靠做铁匠活养家糊口，所以，小法拉第只学会认字之后便再也没有上学。他一切靠自学奋斗，很小的时候就阅读了大量图书。

1812 年 4 月，英国王室在威斯敏斯特广场为大化学家戴维举行授勋仪式，之后，戴维在皇家研究所举行一系列化学讲座。法拉第偶然得到了一张入场券，在会场上，法拉第认真地听讲座，并记下了厚厚一大本笔记。这次戴维的演讲，没有上过多少学的法拉第，竟然全部都听懂了。

12 月，他把自己从头到尾听到的戴维演讲的内容记录整理好，命名为《汉弗莱·戴维在皇家研究院 4 次化学哲学讲演的记录稿》。然后，法拉第将笔记寄给了戴维教授，请他审阅。信中，法拉第诚恳地请求他给自己一份实验室的工作。

戴维收到这本记录集时感到十分惊讶，他发现这本册子里不仅有他的演讲内容，而且还有很多他没提到的，后来补充进去的化学知识，共有 380 页。

几个月后，在戴维的鼎力帮助下，法拉第得到了月薪 25 先令的皇家学院勤杂工职位。他还得到了以仆人身份陪戴维去欧洲各国科学旅行的资格。他们在法国、意大利、瑞士等国同很多科学家交流，并且做了部分研究工作，这使法拉第得到正规的科学训练并且受益终身。

返回伦敦后，法拉第开始了自己的研究工作，他只要听完教授们的演讲，就马上实地实验，并分门别类地做了详细的实验笔记。很快，法拉第当上了皇家学院实验室总监和代理实验室主任，1824 年他又当选为皇家学会会员，1829 年，戴维去世，38 岁的法拉第被聘为教授。法拉第通过自己的努力，终于成为电学大师。

1821 年，法拉第与令自己一见倾心的沙娜结婚，两人生活得非常幸福。受到奥斯特电可以产生磁的理论的启发，法拉第从 1822 年就着手研究把磁转化为电的问题。

开始，法拉第把线圈和电流计连接好，把磁铁插入线圈或从线圈中拔出，之后去观察电流计，结果什么现象也没能发生。

其实，已经发生了电磁感应现象，不过法拉第没有想到电磁感应现象竟然是一种瞬间的过程。受奥斯特实验影响，法拉第认为电磁感应现象应该是一种稳定效应，结果法拉第屡次实验都失败了。

10 年过去了。1831 年 10 月 17 日，法拉第在一个长筒外面绕上导线，将导线的两端连接上灵敏的电流表，然后用磁棒在线圈中插拔。突然，电流表的指针晃了一下，电流计发生了偏转！

法拉第高兴之余，一共做了几十个类似的实验，终于认识到电磁感应现象原来是一种很短暂的现象。

1831 年，法拉第发表了论文，指出变化的磁场产生电流，这是一个划时代的发现。

法拉第是一个不满足于现状的人，他要向科学的更高峰迈进。有一次，法拉第把许多铁屑撒在磁铁周围，发现铁屑不仅被磁化了，而且在磁铁两极间排成规则的曲线。一个极其平常的实验让法拉第意识到：电和磁周围布满了电和磁的"力线"——这是法拉第电磁理论的核心思想。正是力线概念的提出，使得许多电磁现象的定性解释变得十分简单。

法拉第根据自己的研究，设计了世界上第一部感应发电机，第一个发现电解定律，第一次发现真空放电现象中的"阴极暗区"，第一回谈到磁力线与电磁场。他还澄清了各种关于电的说法，发现了贮存电的方法，继而发现法拉第效应。

法拉第发现的电磁感应原理，连同他的其他贡献共同构成了发电机、电动机发明的基础，使人类从蒸汽时代疾步跨入电气时代。

1867 年 8 月 25 日，法拉第在伦敦逝世。他那平凡的墓碑只有名字和生卒年，以标志他这位人类普通一员存在于世界的时间。但谁都知道，这平凡的墓碑后却是一个伟大的灵魂。

病菌的发现者

现在，人们还经常听说什么"艾滋病病毒"、"流感病毒"等，那么，"病菌"和"病毒"到底是什么东西？它们又是被谁最早发现的呢？

其实，"病菌"和"病毒"都是可以使人和动物致病的微生物，它们非常非常小，肉眼看不见，只有在显微镜下才能看清它们的样子。它们都是被法国杰出的微生物学家和化学家路易斯·巴斯德发现的。

巴斯德 1822 年出生于法国东部的多尔城。巴斯德家境贫困，靠半工半读于 21 岁考入巴黎高等师范学院，专攻化学。早期一直致力于晶体结构方面的研究，并取得相当的成就。1854 年以后，巴斯德逐步转入微生物学领域。

1865 年，欧洲蔓延着一种可怕的蚕病，蚕大批大批地死掉，许多以养蚕为生的农民，对此毫无办法。

巴斯德得到消息之后，马上到法国南部实地调查。他首先取来病蚕和被病蚕吃过的桑叶仔细观察，一连几天和助手通宵达旦地工作。

很快，他通过显微镜发现蚕和蚕吃过的桑叶上都有一种椭圆形的微粒。这些微粒能游动，还能迅速地繁殖后代。他找来没病的蚕和从树上刚摘的桑叶，在显微镜下，没发现那种微粒。"这就是病源！"

巴斯德兴奋地叫了起来。他立即告诉农民，把病蚕和被病蚕吃过的桑叶统统烧掉。这样，蚕病被控制住了。

通过蚕病事件，巴斯德为人类第一次找到了致病的微生物，给它取了个名字叫"病菌"。怎样防止蚕病传染呢？巴斯德带了病蚕回巴黎的实验室进行研究。两年之后，他成功了。方法很简单：把产完卵的雌蛾钉死，加水把它磨成糨糊，放在显微镜下观察，蚕有病菌，就把它产的卵烧掉；蚕没病菌，就把它产的卵留下，用没有病菌的蚕卵繁殖，蚕病就不会传染。

从此，巴斯德开始研究人类致病的原因，结果发现了多种病菌。他还发现在高温下，病菌很快就会死亡，于是他向医生宣传高温杀菌法，可以防止病菌传染。现在，我们医院里使用的医疗器械，都要用高温水蒸气蒸煮，这就是用巴斯德发明的消毒方法，后人叫它"巴氏消毒法。"

1880年，法国一些农户养的鸡大批死亡，原因是鸡霍乱流行。怎样才能使鸡不生传染病呢？这成了巴斯德新的研究课题。不久，他向科学院送上了自己的研究报告，他发现了传染病的免疫方法。

巴斯德起先把病菌培养物的浓缩液注射到鸡的身上，鸡很快就死了。后来，他把菌液放了几个星期以后再注射，鸡却没有死。经过反复实验，巴斯德认识到，病菌放置一段时间以后，不仅毒性大为减小，而且还有抗病效力。这样，他制成了鸡霍乱的疫苗，给鸡注射后，能增加鸡的抵抗力，防止疫病传染。

掌握了制造疫苗的方法之后，巴斯德就开始研究使人类致病的病菌。他组织学生们和助手们进行了无数次实验，制成了伤寒、霍乱、白喉、鼠疫等多种疫苗，控制了多种传染病。现在，儿童要打防疫针，这种免疫方法，就是巴斯德发明的。

疯狗咬人，人就会得"狂犬病"，全身抽搐而死。巴斯德在显微镜仔细观察狂犬脑髓液，没有发现病菌。可是把狂犬脑髓液注射进正常犬的体中，正常犬却马上得病死去。最终巴斯德发现这是种比细菌还要小的病原，也就是"病毒"。

怎样攻治狂犬病呢？巴斯德把刚死的狂犬脑髓取出，悬挂在一个干净瓶子里晾干，两星期之后，把它加水磨成糨糊，注射进正常犬的体中，结果没有发病。又过两个星期，他又注射刚死狂犬的脑髓液，结果这只正常犬没有任何反应。就这样，一种医治狂犬病的疫苗诞生了！1885 年 6 月，巴斯德第一次使用减毒疫苗治愈了一名患狂犬病的男孩。从此，狂犬疫苗进入实用阶段。

在战胜了狂犬病之后，巴斯德被誉为与死神抗争的英雄。为了表彰其在微生物学领域的杰出贡献，巴黎建立了巴斯德学院，该学院后来为推进微生物学的发展起了重要作用。

九死一生的"炸药大王"

　　诺贝尔出生于瑞典首都斯德哥尔摩，他一出生就体弱多病，不能像别的孩子一样玩耍。童年生活的境遇，使他形成了孤僻、内向的性格。

　　由于生活艰难，诺贝尔到了 8 岁才上学，但只读了一年书，这也是他所受过的唯一的正规学校教育。

　　10 岁那年，诺贝尔家迁居俄国。由于语言不通，诺贝尔进不了当地学校，只好在当地请了一个瑞典人做家庭教师，指导他学习俄、英、法、德等语言。

　　体质虚弱的诺贝尔学习特别勤奋，得到教师和父亲的赞扬。然而到了 15 岁时，因家庭经济困难，付不起学费，他只好停止学业，到工厂做工。

　　在工厂里，诺贝尔目睹了劳工开山凿矿、修筑公路和铁路，这些都是用手工进行的，不仅体力劳动强度大，而且效率低。年轻的诺贝尔想：要是有一种威力很大的东西，一下子能劈开山岭，减轻工人们繁重的体力劳动那该多好啊！于是他开始研究炸药了。

　　起先，他和父亲、弟弟一起发明了"诺贝尔爆发油"。他们带着这种样品来到欧洲，打算继续研究。可人们都认为"危险"，没有人愿意出资合作。后来，法国皇帝拿破仑三世路易·波拿巴出钱办了一个实验所，他们父子才得到新的实验机会。

　　不料在一次实验中，不幸的事件发生了，实验室和工厂全部被炸毁，还炸死了 5 个人，诺贝尔的弟弟当场被炸死，父亲炸成重伤，从此半身不遂，再也不能陪伴诺贝尔参加实验。

在沉重的打击下，诺贝尔并未灰心丧气，他决心制服"爆发油"的易爆性，造福人类。为了避免伤害周围的人，他把个人的生死置之度外，在朋友的资助下，租了一艘大船在梅拉伦湖上进行实验。

经过几百次的艰苦而危险的实验，就在硅藻甘油炸药试爆的最后一次，他亲自点燃导火剂，仔细观察各种变化，当炸药爆炸发出巨响之后，人们惊吼，诺贝尔完了！

可他顽强地从弥漫的烟雾中爬起来，满身鲜血淋淋。他忘掉了疼痛，振臂高呼："我成功了！我成功了！"

1876 年的秋天，诺贝尔成功地研制了硅藻甘油炸药，之后，诺贝尔又经过 13 年的研究，终于在 1880 年发明了无烟炸药——三硝基甲苯（又名 TNT），对工业、交通运输做出了巨大的贡献！

流芳百世的遗愿

诺贝尔是一位名副其实的亿万富翁，他的财产累计达 30 亿瑞典币。但是他与许多富豪截然不同，他认为：金钱这东西，只要能够解决个人的生活就够用了，若是多了，它会成为遏制人才的祸害。有儿女的人，父母只要留给他们教育费用就行了，如果给予除教育费用以外的多余的财产，那就是错误的，那就是鼓励懒惰，那会使下一代不能发展个人的独立生活能力和聪明才干。

诺贝尔立下了遗嘱："请将我的财产变作基金，每年用这个基金的利息作为奖金，奖励那些在前一年为人类做出卓越贡献的人。"

根据他的这个遗嘱，从 1901 年始，具有国际性的诺贝尔奖创立了。

为了纪念这位伟大的发明家，从 1901 年开始，每年在他去世的日子里即 12 月 10 日颁发诺贝尔奖。

诺贝尔在遗嘱中还写道："把奖金分为5份：一、奖给在物理学方面有最重要发现或发明的人；二、奖给在化学方面有最重要发现或新改进的人；三、奖给在生理学和医学方面有最重要发现的人；四、奖给在文学方面表现出了理想主义的倾向并有最优秀作品的人；五、奖给为国与国之间的友好、废除使用武力与贡献的人。"

为此，诺贝尔奖分设了5个奖项。1969年，诺贝尔奖新设了第六个奖项——诺贝尔经济学奖。

发明大王

　　19世纪被誉为科学的世纪，也是以科学的技术化和社会化为突出特征的世纪。科学在这个世纪开始成为社会生活的一个重要组成部分。风起云涌的伟大创新转变成为技术科学的巨大威力。这个世纪的一些科技巨匠继续活跃于20世纪，托马斯·阿尔沃·爱迪生就是其中之一。美国《生活》周刊在1999年评出的过去1000年中100位最有影响力的人物中，爱迪生名列第一。

　　爱迪生出身低微，生活贫困，他只上过3个月的小学，老师因为总被他古怪的问题问得张口结舌，竟然当他母亲的面说他是个傻瓜，将来不会有什么出息。母亲一气之下让他退学，由母亲亲自教育。这时，爱迪生的天资得以充分地展露。在母亲指导下，他阅读了大量的书籍，并在家中自己建了一个小实验室。为筹措实验室的必要开支，他只得外出打工，当报童、办报纸。最后用积攒的钱在火车的行李车厢建了个小实验室，继续做化学实验研究。后来，化学药品起火，几乎把这个车厢烧掉。暴怒的行李员把爱迪生的实验设备都扔下车去，还打了他几记耳光，据说爱迪生因此终生耳聋。

　　1862年8月，爱迪生以大无畏的英雄气魄救出了一个在火车轨道上即将遇难的男孩。孩子的父亲对此感恩戴德，但由于无钱可以酬报，愿意教他电报技术。从此，爱迪生便和这个神秘的电的新世界发生了关系，踏上了科学的征途。

　　1863年，爱迪生担任大干线铁路斯特拉福特枢纽站电信报务员。1868年，爱迪生以报务员的身份来到了波士顿。同年，他获得了第一项发明专利权。这是一台自动记录投票数的装置：爱迪生认为这台装置会加快国会的工作，它会受到欢迎的。然而，一位国会议员告诉他说，他们无意加快议程，有的时候慢慢地投票是出于政治上的需要。从此以后，爱迪生决定，再也不搞人们不需要的任何发明。

1869 年 6 月初，他来到纽约寻找工作。当他在一家经纪人办公室等候召见时，一台电报机坏了。爱迪生是那里唯一的一个能修好电报机的人，于是他谋得了一个比他预期的更好的工作。10 月他与波普一起成立一个"波普—爱迪生公司"，专门经营电气工程的科学仪器。在这里，他发明了"爱迪生普用印刷机"。他把这台印刷机献给华尔街一家大公司的经理，本想索价 5000 美元，但又缺乏勇气说出口来。于是他让经理给个价钱，经理给了 4 万美元。

爱迪生用这笔钱在新泽西州纽瓦克市的沃德街建了一座工厂，专门制造各种电气机械。他通宵达旦地工作，培养出许多能干的助手，同时，也巧遇了勤快的玛丽，他未来的第一个新娘。在纽瓦克，他发明了蜡纸、油印机等。从 1872 至 1875 年，爱迪生先后发明了二重、四重电报机，还协助别人制造了世界上第一架英文打字机。

1876 年春天，爱迪生又一次迁居，这次他迁到了新泽西州的"门罗公园"。他在这里建造了第一所"发明工厂"，标志着集体研究的开端。

1877 年，爱迪生改进了早期由贝尔发明的电话，并使之得到了应用。他最心爱的一项发明是留声机。电话和电报是扩展人类感官功能的一次革命；留声机是改变人们生活的三大发明之一。从发明的想象力来看，这是他极为重大的发明成就。到这个时候，人们称他为"门罗公园的魔术师"。

爱迪生在发明留声机的同时，经历无数次失败后终于对电灯的研究取得了突破，1879 年 10 月 22 日，爱迪生点燃了第一盏真正有广泛实用价值的电灯。为了延长灯丝的寿命，他又重新试验，大约试用了6000 多种纤维材料，才找到了新的发光体——日本竹丝，可持续 1000多小时，达到了耐用的目的。从某一方面来说，这一发明是爱迪生一生发明的顶峰。接着，他又创造一种供电系统，使远处的灯具能从中心发电站配电，这是一项重大的工艺成就。

他在纯科学上第一个发明出现于 1883 年。试验电灯时，他观察到他称之为爱迪生效应的现象：在点亮的灯泡内有电荷从热灯丝经过空间到达冷板。爱迪生在 1884 年申请了这项发明专利，但并未进一步研究。而一旁的科学家利用爱迪生效应发展了电子工业，尤其是无线电和电视。

爱迪生又企图为眼睛做出点事，电影摄影机随即产生。使用一条乔治伊斯曼新发明的赛璐珞胶片，他拍下一系列照片，将它们迅速地、连续地放映到幕布上，产生出运动的幻觉。他第一次在实验室里放映电影是在 1889 年，1891 年申请了专利。1903 年，他的公司摄制了第一部故事片"列车抢劫"。爱迪生为电影业的组建和标准化做了大量工作。

1887 年爱迪生把他的实验室迁往西奥兰治以后，为了使他的多种发明制成产品和推销，他创办了许多商业性公司；这些公司后来合并为爱迪生通用电气公司，后又称为通用电气公司。此后，他的兴趣又转到荧光学、矿石捣碎机、铁的磁离法、蓄电池和铁路信号装置上。第一次世界大战期间，他研制出鱼雷机械装置、喷火器和水底潜望镜。

爱迪生一生以罕见的热情及惊人的精力，完成了 2000 多项发明，其中申请专利登记的达 1328 项。1931 年 10 月 18 日清晨 3 时 24 分，爱迪生带着宽慰的微笑，闭目辞世，享年 84 岁。

举行葬礼的那天，全美国熄灭电灯一分钟，以示哀悼。这是人们表达对爱迪生无限怀念之情的最隆重的方式，也是人们献给这位伟大发明家的一曲无言的赞歌。

电话的发明者

1847 年，贝尔生于英国，他 17 岁进入爱西堡大学，主攻语音学。后迁居美国，在波士顿大学教语言学。莫尔斯发明电报后，身为波士顿大学语音学家的贝尔教授也怀着浓厚的兴趣在业余时间进行研究。他心想，既然电流能够传递电波信号，为什么不能传递音波信号呢？贝尔认为，这是一个值得研究的课题。他当时就决定辞去工作，全身心地投入到电话的研制中去。

贝尔感到自己的能力有限，要解决这个问题，只有请教专家。贝尔来到华盛顿，向老科学家亨利求教，亨利给了贝尔极大的鼓励。

贝尔还有一名很亲密的合作伙伴，他就是 18 岁的技师沃森。二人投入到研究工作中，带有火一般的热情。他们就在原来的旧马车棚里工作，尽管条件很简陋，但是他们仍夜以继日地进行研究。

在沃森的帮助，贝尔成功研制出电磁铁片的振动膜。同时，螺旋线圈的振动簧片已达到设计要求，而讯号共鸣箱也宣告完成了。贝尔和沃森还在波士顿柯特大街租下两间马车棚，把它们改造成了隔音效果十分理想的"听音室"和"喊话室"。

贝尔发现，碳粉的密度与电阻的改变极其相关，而电阻的改变可以改变电流强度。那么话筒可以用钢膜夹住碳粉做成，人说话时，声波造成冲击，影响钢膜，进而可以改变被夹碳粉的密度。就这样，贝尔把送话器与受话器研制成功了。

1876 年 2 月的一天是一个难忘的日子。贝尔他们连接好设备，一个人在楼上，一个人在楼下，准备试验。贝尔到了楼下，他喊了几声，不见动静。他又喊道："沃森，听到请过来，我等待着成功！"

结果，沃森仍是没有动静。贝尔检查了设备，把他认为应当变换的地方调了调。忽然,一不小心,贝尔把硫酸撞洒了。这下他可着急了,不由自主地喊道:"沃森,快点儿,出危险了!"

这时,忽然听到楼板一阵响,沃森出现在眼前。

贝尔手忙脚乱,正在着急地收拾,突然他高兴地意识到了什么:"沃森,你从设备里听到的?"

沃森高兴地说:"是啊,我们成功了!"

贝尔欢呼起来,东西也顾不上收拾了。

1878年,波士顿和纽约之间进行了人类第一次长途电话通话,当然还是贝尔与沃森二人。早在两年前,他们就已经取得了传话器与听筒的专利。在博览会上,他们的发明也受到广泛的关注,很快电话就推广开来。当然,这一成功还得益于爱迪生的发明,为了使电话跨越长距离,爱迪生改进了电话的送话器,在其中加大了感应线圈,使电话达到了实用化。发明电话后,贝尔正式成立了"贝尔电话公司"。

两次摘冠的女科学家

居里夫人原名玛丽亚·斯克沃多夫斯卡·居里，小时候，她就对学习表现出非凡的热情，只要一学习起来，她就会专心致志，什么都分散不了她的注意力。

一次玛丽亚在做功课，姐姐和同学在她面前唱歌、跳舞、做游戏。玛丽亚就像没看见一样，在一旁专心地看书。

姐姐和同学想试探她一下。她们悄悄地在玛丽亚后面搭起几张凳子，只要玛丽亚一动，凳子就会倒下来。时间一分一秒地过去了，玛丽亚读完了一本书，凳子仍然竖在那儿。

从此姐姐和同学再也不逗她了，而且像玛丽亚一样专心读书，认真学习。

玛丽亚长大以后，成为一个伟大的科学家，她就是居里夫人。

1891年，在姐姐和父亲的帮助下。玛丽亚实现了到巴黎求学的愿望。在巴黎大学理学院，玛丽亚学习非常勤奋用功。每天她早早就从姐姐家里出来，乘坐马车来到教室，坐在离讲台最近的座位上，以便清楚地听到教授的讲课内容。

为了节省时间和集中精力，入学4个月后，玛丽亚从姐姐家里搬出来，搬到学校附近一幢房子的阁楼里。这间阁楼没有灯，只在屋顶上开了一个小天窗，依靠它屋里才有一线光明。玛丽亚对这种居住条件很满足，一心扑在学习上。虽然艰苦的生活日益削弱她的体质，然而丰富的知识使她的心灵日趋充实。

1893年，玛丽亚终于以第一名的成绩毕业于物理系，第二年又以第二名的成绩毕业于该校的数学系。

在大学里，玛丽亚结识了皮埃尔·居里，后来二人结婚，玛丽亚成了居里夫人。

1897年，居里夫人选定了自己的研究课题——对放射性物质进行研究。居里夫人注意到从铀矿中萃取铀以后剩余的残渣比纯铀更具放射性。于是居里夫妇废寝忘食、夜以继日地按照化学分析的程序，分析矿石所含有的各种元素及其放射性，逐渐知道那种制造反常放射性的未知元素隐藏在矿石的两个部分里。

经过不懈努力，1898年7月，居里夫妇从其中一个部分寻找到一种新元素，它的化学性质与铅相似，放射性比铀强400倍。

皮埃尔让玛丽亚给这一新元素取个名字，她想了一会儿，回答说："我们可称它为钋。"

发现钋元素之后，居里夫人继续对矿石放射性比纯铀强900倍的另一部分进行分析。经过浓缩、结晶，终于在同年12月得到了少量的不是很纯净的白色粉末。这种白色粉末在黑暗中闪烁着白光，据此居里夫妇把它命名为镭。

由于居里夫妇的惊人的发现，1903年12月，他们和发现铀岩释放射线的贝克勒尔一起获得了当年的诺贝尔物理学奖。

居里夫人一生科研工作十分繁忙，然而她很善于抓紧时间对子女进行早期教育，并善于把握孩子智力发展的年龄优势。

在女儿不足1岁时，居里夫人就让她们开始"幼儿智力体操"的训练，让她们广泛接触生人、到动物园看动物、与猫玩；让她们到公园去看绿草、蓝天、白云，看色彩绚丽的各种植物和人群，让她们到水中拍水，使她们感受大自然的美景。孩子大点后，居里夫人又开始了一种带艺术色彩的"智力体操"，教孩子唱儿歌和讲童话。再大些，就开始智力训练和手工制作，如数数的训练，字画的识别，弹琴、作画、泥塑，让她们自己在庭园种植植物、栽花、种菜等，并抽出时间与她们散步，在散步时给她们讲许多关于植物和动物的趣事，如种子是怎样在花里长成的，小老鼠和鼹鼠是怎样打洞的，哪里能找到兔子窝，等等。她的教育都力求从实物开始，且每天更新，以提高孩子的兴趣。全方位的幼儿早期"智力体操"训练，不仅使孩子增长了智力，同时也培养了孩子的各种能力，增强了孩子的自信心，锤炼了性格。

居里夫人把自己一生追求事业和高尚品德的精神，影响和延伸到自己的子女和学生身上，利用各种机会培养孩子形成良好的道德品格。

在丈夫皮埃尔去世以后，居里夫人开始一人担负起抚养孩子的重担。当时她经济上拮据，还得补贴一部分给科研，有人建议她卖掉与皮埃尔在实验室里分离出的那1分克镭，这在当时价值100万法郎。居里夫人则认为，不管今后的生活如何困难，绝不能卖掉科研成果。她让女儿从小养成勤俭朴素、不贪图荣华富贵的思想。居里夫人毅然将镭献给了实验室，把它用于研究工作。后来她带着两个女儿赴美国接受总统赠送给她的1克镭时，也同样告诫女儿"镭必须属于科学，不属于个人"。

飞机之父

美国的莱特兄弟梦想着像鸟儿一样飞上天空。从古至今，想飞的人绝不止他们两个，但是他们兄弟二人第一次圆了人类想飞的梦。

莱特兄弟，哥哥叫威尔伯，1867年4月16日生于美国印第安纳州的米尔维尔，弟弟叫奥维尔，1871年8月19日出生在俄亥俄州的达顿城。

他们的父亲米尔顿·莱特，是一所教堂的主教，收入微薄，但为人正派，心地善良，而且知识丰富。母亲的过早去世使兄弟俩失去了上中学的机会，他们的少年时代是靠拾骨头、捡破烂度过的。尽管生活艰辛，但也充满了童年的欢乐。

1877年冬天，一群孩子乘着自制的爬犁从山坡上向下滑去。在他们旁边，两个男孩眼睁睁地看着爬犁从上而下划过，大一点的男孩说："要是我们也有一架爬犁该多好啊！"

另一个孩子噘着嘴说道，"谁叫爸爸总不在家呢！"他灵机一动，又接着说道，"哥哥，我们自己动手做吧！"哥哥一听，顿时笑了起来，愉快地说道："对呀！我们自己也可以做。走，奥维尔，我们回去！"于是，两个孩子一蹦一跳地跑下山坡，向家里飞快地跑去。

这兄弟俩就是莱特兄弟。兄弟俩决定要做架爬犁，拉到山坡上与同伴比赛。当天晚上，兄弟俩就把这种想法告诉了妈妈。妈妈听了，说："干什么事情都得有个计划，咱们首先得画一个图样，然后再做！"

兄弟俩明白了这个道理，就同妈妈一起设计图样。妈妈首先量了兄弟俩身体的尺寸，然后画出一个很矮的爬犁。

"妈妈，别人家的爬犁很高，为啥你画的爬犁这么矮？这能行吗？"弟弟奥维尔不解地问。

"孩子，要想叫爬犁跑得快，就得制成矮矮的，这样可以减少风的阻力，速度也就会快多了。"妈妈温和地解释道。

过了一天，莱特兄弟的矮爬犁做成了。兄弟俩把它推到小山冈上。

"快来看呀，莱特兄弟扛了一个怪物！"一个男孩大惊小怪地叫道。

不一会儿，孩子们都围了上来，指手划脚地议论着这个怪模怪样的东西。莱特兄弟不以为然，勇敢地说道："谁和我们比赛？"

先前跑过来的男孩连忙叫道："我来！我来与他们比赛！"说完，就把自己的爬犁拉了过来。

比赛结果，当然是莱特兄弟获胜，孩子们再也不嘲笑这个爬犁，反而围起来左瞧右看。莱特兄弟非常高兴，带着胜利的喜悦回家去了。

圣诞节到了，爸爸也从外地回来。圣诞节早晨，爸爸把礼物送给了他们，兄弟俩急不可耐地打开一看，是一个不知名的玩具，样子很奇怪。

爸爸告诉他们，这是飞螺旋，能在空中高高地飞起。"鸟才能飞呢！它怎么也会飞！"威尔伯有点怀疑。

爸爸笑了一笑，当场做了表演。只见他先把上面的橡皮筋扭好，一松手，它就发出呜呜的声音，向空中高高地飞去。兄弟俩这才相信，除了鸟、蝴蝶之外，人工制造的东西也可以飞上天。于是，兄弟俩便把它拆开了，想从中探索一下它为何能飞上天去。

从这以后，在他们的幼小心灵里，就萌发了将来一定制造出一种能飞上高高蓝天的东西，这个愿望一直影响着他们。1900 年 10 月，莱特兄弟终于制成了第一架滑翔机。

1903 年 12 月 17 日，在美国北卡罗来纳州基蒂霍克海边的一片空地上，莱特兄弟设计制造的"飞行者"号飞机准备当众试飞。

就在试飞的前一天，在实验空地附近的村子里出现了一张通告：明晨 10 时，将在海边进行世界上第一次载人的飞机试飞，敬请前来参观。

然而出乎莱特兄弟的意料，当天到场的除了必要的 3 名急救人员外，只有 2 名观众。莱特兄弟决定不再等待，马上试飞。

10 时 35 分，试飞开始了。弟弟奥维尔坐在飞机的座椅上，哥哥威尔伯启动发动机，随着一阵震耳欲聋的轰鸣声，飞机离开轨道在空中飞行起来。

在场的人都把心提到了嗓子眼。12 秒过去了，"飞行者"号在 35 米外的地方摇摇晃晃地着陆了。

"成功了！"在场的人高兴地大喊，莱特兄弟紧紧地拥抱在一起。

虽然这次试飞的滞空时间很短，飞行高度很低，飞行距离很短，但它却是人类第一次实现机器动力飞行。这次试飞成功，预示着动力飞行时代的到来。

相对论之父

爱因斯坦是 20 世纪世界最著名的科学家之一，他创立的相对论开创了物理学的新纪元，堪称是世界历史发展进程中影响深远的百件大事之一，他把物理学家们引入了一个崭新的物理世界。

1879 年 3 月 14 日，阿尔伯特·爱因斯坦在德国南部乌尔姆城的一个犹太居民家中呱呱坠地。这是一个温馨、和睦的家庭，父亲是一个电器作坊的小业主，母亲温雅贤淑，倾心于艺术。

爱因斯坦在慕尼黑度过了青少年时期。童年时的他喜欢幻想，看不出有什么天分，喜欢音乐，讨厌游戏。由于父亲生意的失败，他离开学校，到米兰给父母当帮手。1901 年他放弃了德国国籍，加入瑞士国籍。他第一次报考苏黎世理工学院电气工程系落榜，一年之后才得以被录取。

爱因斯坦毕业后，未能谋求到一个教学的职位，只能到设在伯尔尼的专利局当一个职员。这使爱因斯坦有更多机会接触到许多发明创造，激起了他强烈的求知欲，鼓励他不断地探索物理学。他充分利用业余时间阅读大量有关书籍，深入思考问题，尤其是在新的物理实验中牛顿理论无法解释的一些新课题。

爱因斯坦生长的时代，是人类有史以来物理学发展最为迅速的时期。爱因斯坦的青年时代，正是爱迪生、洛伦兹、居里夫妇等人最活跃的时期。此后，由伽利略、牛顿等人建立的古典物理学理论体系，经历了将近 200 年的风雨。又由于能量守恒和转化定律的发现、热力学和统计物理学的建立，特别是由于法拉第和麦克斯韦在电磁学上的发现，物理学正日益成为人类有史以来最伟大的学科。

年轻的爱因斯坦不为旧传统所束缚，在洛伦兹等人研究工作的基础上，对空间和时间这样一些基本概念进行了本质上的变革。这一理论上的根本性突破，开辟了物理学的新纪元。

1905 年，爱因斯坦在德国《物理学年鉴》上发表了《论运动物体的电动力学》，从而创立了狭义相对论，开始解释牛顿经典力学所不能解释的现象，这时他刚刚 26 岁。

《论运动物体的电动力学》提出了关于等速运动相对性的完整理论和关于空间—时间的崭新观念。与此同时，他根据狭义相对论推导出物体的质量也与运动密切相关，并得出质能关系式 $E = MC^2$，它告诉我们，物质的质量是不固定的，运动的速度增加，质量也随着增加；一定质量的转化必定伴随着一定能量的转化，反之亦然。这个著名的公式成为原子弹、氢弹以及各种原子能应用的理论基础，由此而打开了原子时代的大门。

1911 年的一天，在著名的布拉格大学校园里的一片草地上，一群大学生围坐在爱因斯坦的身旁，正进行着激烈的讨论。

"请您通俗地解释一下，什么叫相对论？"一位学生微笑着向爱因斯坦发问。

爱因斯坦环视一下周围的男女学生，微笑着答道："如果你在一个漂亮的姑娘旁边坐了两个小时，就会觉得只过了 1 分钟；而你若在一个火炉旁边坐着，即使只坐 1 分钟，也会感觉到已过了两个小时。这就是相对论。"

大学生们先是一愣，接着便大笑起来。之后，经过十余年的艰辛研究，爱因斯坦于 1916 年又发表了《广义相对论的基础》。这一旷世之作标志着他的研究水平已达 20 世纪理论物理的顶峰。爱因斯坦曾就相对论解释说："狭义相对论适用于引力之外的物理现象，广义相对论则提供了引力定律以及它与自然界其他力之间的关系。"

1919 年 5 月 29 日正逢日食，英国皇家学会派遣一支观察队，拍摄了日食方向星光的照片，观察结果完全证实了广义相对论的预言。11

月的一天，伦敦《泰晤士报》以"科学上的大革命""已经有人超越了牛顿"为标题，报道了这一震惊世界的大新闻，从此爱因斯坦和他的相对论传遍千家万户。

1933 年，德国法西斯头子希特勒上台后，爱因斯坦成了科学界首先受迫害的对象。他被迫迁居美国，任普林斯敦高级学校研究院教授，并于 1940 年取得美国国籍。

1939 年，爱因斯坦获悉铀核裂变及其链式反应的发现，在匈牙利物理学家西拉德的推动下，上书罗斯福总统，建议研制原子弹。罗斯福同意制造原子弹以后，经过反复实验，第一颗原子弹于 1945 年在新墨西哥州试验成功。第二次世界大战结束前夕，美国在日本广岛和长崎上空投掷原子弹，爱因斯坦对此表示强烈不满。战后，爱因斯坦为开展反对核战争的和平运动和反对美国国内法西斯，进行了不懈的斗争。

1955 年 4 月，爱因斯坦在普林斯敦病逝。这位伟大的科学家在他的遗嘱中，要求把他的骨灰撒在不为人知的地方。但他那献身科学的精神和充满光芒的相对论学说，则永远激励着后人。

青霉素的发明者

举世无双的报酬

一天，英国的一名叫弗莱明的贫苦农夫正在田里干活。忽然，附近沼泽地传来呼救声。农夫赶忙放下手中的农具，奔向沼泽地。只见一个小孩正在泥潭中挣扎。淤泥已没到他的腰部，农夫奋不顾身地救起了小孩。

第二天，一辆豪华小汽车停在了这个农夫劳作的田边，一位风度优雅的英国贵族下车后，自我介绍说是被救小孩的父亲，他是亲自前来致谢的。

农夫说这件事不足挂齿。贵族说："我想用一笔酬金来报答你，因为你救了我孩子的命。"

农夫回答说："我不要报答，我不能因为做了一点事情就接受酬金。这是我应该做的。"

这时候，农夫的儿子刚好走出家门。

"这是你的儿子吗？"贵族问道。

"是的。"农夫回答说。

贵族说："我给你提一个建议，让我把你儿子带走，我要给他提供最好的教育。如果他像他的父亲，他一定能成为令你骄傲的男子汉。"

农夫同意了。

时光飞逝，农夫的儿子从医学院毕业后，成为享誉世界的医生。数年以后，贵族的儿子因肺炎病倒了，经过注射青霉素，他的身体得到了痊愈。

那个英国贵族名叫伦道夫·丘吉尔，他的儿子便是在二战期间担任英国首相、领导英国人民战胜了纳粹德国的温斯顿·丘吉尔。而农夫的儿子就是青霉素的发现者亚历山大·弗莱明。

立志从医

弗莱明毕业后没有选择收入更高的行医生涯，而是接受他的老师赖特博士的邀请，留在圣玛丽医学院的研究室里，帮助赖特博士进行研究工作。也正是从那时起，他立志把医学研究作为他毕生的事业。

但在其后的 8 年中，弗莱明并没有在实验室里做出显著的成就，正当他准备雄心勃勃地在传染病治疗领域大干一场时，第一次世界大战爆发了。

弗莱明应征入伍，成为英国皇家军医团的一名上尉。由于飞机、坦克等战争武器的首次使用，弗莱明目睹了大规模的战场死伤情景。无数的伤兵被抬进了医院，清创缝合的手术从早做到晚。

但弗莱明看到，那些被医生治过的枪伤或弹伤的创面仍会在细菌的侵害下感染溃烂，让那些没有死在战场上的士兵死在了病床上。弗莱明辗转于各个军区医院，进行救死扶伤的工作。

战争结束后，弗莱明回到母校担任细菌学讲师，同时他又到赖特接种站从事杀灭细菌的研究工作。

偶然的发现

1922 年的一天，弗莱明正在做实验，可是鼻子痒影响了他的工作。他想：也许是鼻涕在作怪。于是他别出心裁地挖出一些鼻涕，掺在培养的细菌里。两个星期后的一天，他照例清理那些散乱的培养液。突然，他发现在一个培养碟里，有些地方出现一大片黄，而有些地方则空白一片。经考察，空白之处正是涂过鼻涕的地方。"鼻涕中一定含有阻止细菌生长的东西！"

这一发现使弗莱明兴奋无比，接着他把同样的细菌放在装有肉汤的试管中培养，肉汤上也长出同样黄色的细菌。他加入少许鼻涕，没有几分钟，肉汤变清了，细菌被消灭了。他用眼泪代替鼻涕，竟然产生了相同的效果。

为了能得到更多的眼泪，他把柠檬汁挤进眼睛里，逼出泪水。即使这样，也仍不够试验用，他劝说工人们也这样，无奈他怎么劝说，工人们也不肯做。"你们给我眼泪，我给你们钱，每次三便士怎么样?"工人们当然很高兴，眼泪居然也可以赚钱! 于是纷纷动手按照他说的去做。

经过多次实验，他发现人体除了鼻涕、眼泪外，许多组织的分泌物都可以溶解甚至消灭某些细菌。这种物质在体内产生，溶解消灭细菌的同时，对人体没有任何伤害。他称这种物质为溶菌酶。

1928 年，在弗莱明外出休假的两个星期里，一只未经刷洗的废弃的培养皿中长出了一种神奇的霉菌，他观察到这种霉菌的抗菌作用——细菌覆盖了器皿中没有沾染这种霉菌的所有部位。这次感染的细菌是葡萄球菌，这是一种严重的、有时是致命的感染源。经证实，这种霉菌液还能够阻碍其他多种病毒性细菌的生长，但对人或动物都无毒害作用。

至此，弗莱明终于找到了他的同行们长期寻找的物质。由于这种霉菌外表看起来像毛刷，弗莱明就称之为"盘尼西林"(Penicillin)，意为"有细毛的东西"。由于它是由青霉菌产生出来的，又称之为"青霉素"。弗莱明兴奋地宣布:"这是一种无害的物质……它使我相信总有一天它会成为一种治疗剂。"

电视的发明者

1929 年的一天，当英国人第一次看到电视图像时，无不兴高采烈，奔走相告。在他们中间，电视发明者贝尔德激动地流下了热泪。

贝尔德 1888 年生于英格兰西部的一座小城市，从小体弱多病，好几次差一点被病魔夺去生命。然而，身体的脆弱磨炼了他克服困难的勇气和毅力。大学毕业后，他在电气公司工作。他对工作一丝不苟，很短时间就修好了几台几乎被淘汰的机器，深受公司器重。

当时无线电技术已经广泛运用于通信、广播了，世界上许多发明家，其中有最伟大的科学家和工程技术大师，都想发明能传播现场实况的电视机，但都没有成功。贝尔德却立志要发明电视机。

贝尔德是个雷厉风行的人，说干就干。他首先在黑斯廷斯建立了一个非常简陋的实验室，他没有实验经费，只好用一只盥洗盆作框架，把它和从旧货摊上拾来的茶叶箱相连，箱上安装了一只从废物堆里捡来的电动机，它可转动用马粪纸做成的四周戳有小洞洞的"扫描圆盆"。还有装在旧饼干箱里的投影灯，以及几块透镜及从报废的军用电视机拆下来的部件等。这一切凌乱的东西被贝尔德用胶水、细绳及电线串连在一起，成了他发明电视机的实验装置。

贝尔德知道电视机的原理：应该把要发送的场景分成许多小点儿，暗的或明的，再以电信号的形式发送出去，最后在接收的一端让它重现出来。

要把原理变成实物样机，不是一件容易的事。一间小小的屋子，既是他的卧室又是工作室。虽然疾病折磨着他，但他仍顽强地工作着，常常是饿了吃面包；困了，就抱着衣服睡一会儿。

贝尔德不厌其烦地在实验室里忙来忙去，功夫不负有心人，经过

18 年的艰辛努力后，贝尔德成功地发射了一朵十字花。但发射的距离只有 3 米，图像也忽有忽无，只是一个轮廓。

贝尔德猜想，很可能是电压不足。于是，他找来几百个干电池连接起来，约有 2000 伏电压。谁知，他刚一接上，自己一不留神左手触到了一根裸露的电线上，强大的电流把他击倒在地，昏了过去。第二天的伦敦《每日快报》马上用大字标题报道了贝尔德触电的消息。贝尔德一时间成了英国的新闻人物。

贝尔德灵机一动，想到了一个解决他经费不足的好方法。他为慕名而来的记者进行了一次现场表演，伦敦一家无线电老板答应为他提供经费，但直到经费用光，仍无重大进展。无线电老板见无利可图，也不再资助。贝尔德生活日见艰难。没钱吃饭，没钱付房租。他只好忍痛把设备的零件卖掉，以此维持生活。他家乡的两个堂兄弟得知贝尔德陷入绝境后，给他寄来了 500 英镑。贝尔德得救了，他立即又投入试验。

成功的日子终于来到了。1925 年 10 月 2 日，贝尔德研制出世界上第一台电视机，接收机上图像清清楚楚，甚至连头发都一清二楚。

贝尔德兴奋极了，他狂奔到楼下，抓着一个 15 岁的小男孩就往楼上跑，小男孩被这个光着脚，蓬头垢面的"疯子"吓得直打哆嗦。到楼上后，他不由分说地把小孩按坐在一个椅子上，开始调制他的机器，几秒钟后，在他的"魔镜"里出现了第一张人脸，只可惜这张脸充满了惊恐。从此，贝尔德名声大振，资助他的人纷纷涌来。贝尔德更新了设备。开始更大规模的试验。1928 年，贝尔德把伦敦传播室的人像传送到纽约的一部接收机上。

不久，又出现了新的奇迹。贝尔德把伦敦一位姑娘的图像传送给她正在远洋航行的未婚夫。

1936 年秋，英国广播公司正式从伦敦播送电视节目。此时的贝尔德又开始埋头研究彩色电视。

1941 年 12 月，正当希特勒发动闪电战时，贝尔德传送的首批完善的彩色图像已获成功。可惜，他的实验室被希特勒的飞弹炸得片甲未留。

　　这点困难对贝尔德来说根本不算什么，他又建起一座实验室，继续他的实验。

　　1946 年 6 月的一天，英国广播公司开始播送彩色电视节目，但劳累过度的贝尔德却在这一天病倒了，没有收看他的研究成果。6 天后，他离开了人世，终年 58 岁。

　　今天，在现代人的生活中，电视已成为不可或缺的一部分。贝尔德的发明，改变了信息传播和人们的生活方式，具有划时代的意义。

轮椅上的"宇宙之王"

史蒂芬·霍金，出生于 1942 年 1 月 8 日，这个时候他的家乡伦敦正笼罩在希特勒的狂轰滥炸之中。

霍金和他的妹妹在伦敦附近的几个小镇度过了自己的童年。多年以后，他们的邻居回忆说，当霍金躺在摇篮车中时非常引人注目，他的头显得很大，异于常人——这多半是因为霍金现在的名声与成就远远异于常人，邻居不由自主地要在记忆里重新刻画一下天才儿童的形象。

不过霍金一家在古板保守的小镇上的确显得与众不同。霍金的父母都受过正规的大学教育。他的父亲是一位从事热带病研究的医学家，母亲则从事过许多职业。小镇的居民经常会惊异地看到霍金一家人驾驶着一辆破旧的二手车穿过街道奔向郊外——汽车在当时尚未进入英国市民家庭。然而这辆古怪的车子却拓展了霍金一家自由活动的天地。

霍金热衷于搞清楚一切事情的来龙去脉，因此当他看到一件新奇的东西时总喜欢把它拆开，把每个零件的结构都弄个明白——不过他往往很难再把它装回原样，因为他的手脚远不如头脑那样灵活，甚至写出来的字在班上也是有名的潦草。霍金在 17 岁时进入牛津大学学习物理。他仍旧不是一个用功的学生，而这种态度与当时其他同学是一致的，这是战后出现的青年人迷惘时期——他们对一切厌倦，觉得没有任何值得努力追求的东西。霍金在学校里与同学们一同游荡、喝酒、参加赛船俱乐部，如果事情这样发展下去，那么他很可能成为一个庸庸碌碌的职员或教师。然而，病魔出现了。

从童年时代起，运动从来就不是霍金的强项，几乎所有的球类活动他都不行。到牛津大学学习的第三年，霍金注意到自己变得更笨拙了，有一两回没有任何原因地跌倒。一次，他不知何故从楼梯上突然跌下来，当即昏迷，差一点死去。

直到1962年霍金在剑桥读研究生后，他的母亲才注意到儿子的异常状况。刚过完21岁生日的霍金在医院里住了两个星期，经过各种各样的检查，他被确诊患上了"卢伽雷氏症"，即运动神经细胞萎缩症。

大夫对他说，他的身体会越来越不听使唤，只有心脏、肺和大脑还能运转，到最后，心和肺也会失效。霍金被"宣判"只剩两年的生命。那是在1963年。

起初，这种病恶化得相当迅速。这对霍金的打击是可想而知的，他几乎放弃了一切学习和研究，因为他认为自己不可能活到完成硕士论文的那一天。霍金的病情渐渐加重。1970年，在学术上声誉日隆的霍金已无法自己走动，他开始使用轮椅。直到今天，他再也没离开它。永远坐进轮椅的霍金，极其顽强地工作和生活着。

1991年3月，霍金在一次坐轮椅回柏林公寓，过马路时被小汽车撞倒，左臂骨折，头被划破缝了13针，但48小时后，他又回到办公室投入工作。

又有一次，他和友人去乡间别墅，上坡时拐弯过急，轮椅向后倾倒，这位引力大师却被地球引力翻倒在灌木丛中。

虽然身体的残疾日益严重，霍金却力图像普通人一样生活，完成自己所能做的任何事情。他甚至是活泼好动的——这听来有点好笑，在他已经完全无法移动之后，他仍然坚持用唯一可以活动的手指驱动着轮椅在前往办公室的路上"横冲直撞"；在莫斯科的饭店中，他建议大家来跳舞，他在大厅里转动轮椅的身影真是一大奇景；当他与查尔斯王子会晤时，旋转自己的轮椅来炫耀，结果轧到了查尔斯王子的脚趾头。

当然，霍金也尝到过"自由"行动的恶果，这位量子引力的大师级人物，多次在微弱的地球引力的作用下跌下轮椅，幸运的是，每一次他都顽强地重新"站"起来。

1985 年，霍金动了一次穿气管手术，从此完全失去了说话的能力。他就是在这样的情况下，极其艰难地写出了著名的《时间简史》，探索着宇宙的起源。霍金取得了巨大成功，但生活的现实取代了爱情的浪漫，他和简的婚姻走到了尽头。

霍金的研究对象是宇宙，但他对观测天文从不感兴趣，只有几次用望远镜观测过。与传统的实验、观测等科学方法相比，霍金的方法是靠直觉。

"黑洞不黑"这一伟大成就就来源于一个闪念。在 1970 年 11 月的一个夜晚，霍金在慢慢爬上床时开始思考黑洞的问题。他突然意识到，黑洞应该是有温度的，这样它就会释放辐射。也就是说，黑洞其实并不那么黑。

这一闪念在经过 3 年的思考后形成了完整的理论。1973 年 11 月，霍金正式向世界宣布，黑洞不断地辐射出 X 光、伽马射线等，这就是有名的"霍金辐射"。而在此之前，人们认为黑洞只吞不吐。

从宇宙大爆炸的奇点到黑洞辐射机制，霍金对量子宇宙论的发展做出了杰出的贡献。霍金获得 1988 年的沃尔夫物理奖。

霍金的科普著作《时间简史——从大爆炸到黑洞》在全世界的销量已经高达 2500 万册，从 1988 年出版以来一直雄踞畅销书榜，创下了畅销书的一个世界纪录。在这本书里，霍金力图以普通人能理解的方式来讲解黑洞、宇宙的起源和命运、黑洞和时间旅行等。